当她挣得更多

大女人幸福十律

[美] 法努什·塔拉比 著
子羿 裴钰 译

河北出版传媒集团
河北科学技术出版社

前　言

女性新势力

几千年来的人类历史中，女性的使命似乎从未更改：做贤妻良母、相夫教子。可是最近五十年来，随着女权主义的兴起，全社会开始鼓励女性走出家门，进入职场与男性一起施展抱负。

职场女性成为一个特殊的新兴群体，她们内心深信“世上无难事，只怕有心人”“一切尽在你的掌握”的理念。越来越多的女性在职场可以呼风唤雨，可是回到家却无法与最挚爱的丈夫和睦相处。她们在问：作为职场女性，如何才能实现事业和家庭的双赢？

本来普通夫妻间就常常会为钱的问题争论不休。如今很多妻子成为家庭经济的支柱，让家庭矛盾更加复杂化。女人如果挣得比丈夫多，可能会让另一半倍感压力，引发外遇，成为导致夫妻关系破裂的主因。

近年来，“女性崛起”成为了媒体最热衷讨论的话题，女性因在职场上取得了前所未有的地位而备受关注。在许多领域，女性的职位和收入，让男同胞都相形见绌，这让女性倍感傲娇。

这种经济地位的大逆转，使得家庭中夫妻间矛盾冲突不断，夫妻关系岌岌可危，甚至波及家人和朋友。众多婚姻专家对此有不同看法，却没有人提出解决的办法。本书撰写的初衷就是，为那些在家庭经济中挑大梁的女性提供一本终极指南，应对夫妻收入不平衡所带来的种种家庭问题。

千万不要曲解我的意思，此书绝不是专为那些存款上六位数的精英女性，或是薪资可观、穿着普拉达上班的女强人而打造。本书面对的是所有经济独立的女性，希望她们在保持自己收入优势的同时，和另一半相处融洽。

尽管此书的出发点是那些在家庭经济中占优势的女同胞，为她们量身打造最实用的家庭财务计划和夫妻相处策略，但是书中的议题广泛，在更深层次上探讨了新女性如何走上经济独立、个性解放、追求自我价值的道路。

我也希望此书能让那些事业春风得意，正处于恋爱季的单身女性受益。因为她们在事业上的成绩往往会让追求者望而却步，难以觅得知心郎君。还希望那些原来站在同一条起跑线，后来老婆薪酬遥遥领先的夫妻，面对这种收入差距的大逆转，避免遭遇夫妻关系的崩溃，在本书中找到许多实用的建议。

我一直心里很明白，从母亲质疑我的感情归宿那天起，我的婚姻之路就不会那般平顺。我们宣布订婚后不久，母亲很直接地告诉我：法诺什，妈妈希望你以后生活快乐，只要不为生计发愁就好。

母亲言下之意是说，我的未婚夫蒂姆没有大富大贵的命。他未来不打算从事医生、律师或是银行投资家这类高薪职业，而是立志在软件工程师的道路上一直走下去（梦想有一天自己创业）。我欣赏她的坦诚。但是，当时她未曾预料到（以及难以接受的是）后来我们过得很富足，是因为我赚得多。她以为，要是蒂姆挣不到足够多的钱，我们俩的生活可能都会有困难。让她完全没想到的是，我挣得的钱完全能让我俩生活无忧，来了个角色大反转。而因此，我们也要面临这种逆转所带来的挑战。

当我准备嫁作人妻，认真思考未来的两人生活时，我意识到有必要重新调整我的理财规划。而像苏西·欧曼、戴夫·拉姆齐这些财经专家的权威建议对我没有什么帮助（而我显然也不能找我的母亲帮忙）。坦白说，即使我曾在美国全国广播公司、美国广播公司、《财星》杂志以及雅虎网站担任记者和“个人财经专家”，这样的经历也起不到什么作用。为什么呢？因为在家庭中如果老婆比老公挣得多，情况大不一样。

职场女汉子

如今的女性比男性更加重视自身的职业生涯发展。皮尤研究中心 2012 年的研究调查发现，美国 18 岁到 34 岁的女性当中，有 66% 的人把事业放在首位，而男性只有 59%。这项数据显示，女性对职业重视的态度经过五十年的酝酿已经发生了翻天覆地的变化，而近期的经济衰退加剧了这种改变。截止到 2012 年底，皮尤研究中心记载的数据显示：从 2007 年起，想要做全职工作，而不是兼职或是当全职妈妈的女性比例已经从过去的 20% 上升到了 32%。

近几十年，承担养家重任的女性比例，无论已婚还是未婚，呈现猛增态势。最新数据显示，美国各大主要城市中，三十岁以下的女性，平均收入比同龄的男性高。各年龄阶段的已婚夫妇中，有24%的妻子挣得比丈夫多，而这一比例在1960年只有6%。（换而言之，已婚夫妻中，妻子挣得比丈夫多的比例是20世纪60年代的四倍之多。）因此，在通往幸福家庭的路上，不只有我一个人挣得比自己的老公要多。现在，是时候让我们这些养家女人抛弃陈旧的观念，制定一套全新的规则了。这就是本书的目的。

普遍来说，美国大部分的养家女性可以分为两种不同的群体。一种群体是单身妈妈。他们大多数年纪轻轻，教育程度不高，属于非裔或拉丁裔的美国人。她们的家庭年平均收入为$23,000。第二种群体主要是高收入已婚妇女。她们大多数属于白人女性，受过良好的教育，年纪稍长。她们的家庭年平均收入为$80,000。（这个群体中的精英层都是富裕家庭，可是超过三分之一的女性性生活的次数远不及她们谈如何理财的次数，两性关系可见一斑。）

尽管女高男低的家庭经济收入模式所占的比例相对来说，还比较低，但这一比例正在持续上升。调查表明，虽然社会对传统观念的改变是一种相对包容的态度，但是人们的思维发展远不能与时俱进。在皮尤研究中心访问的美国人当中，有28%的人表示“丈夫收入比妻子高，婚姻会比较幸福”。相比婚龄较长的夫妇，新婚夫妇对妻子收入较高这一议题持更为开放的态度。

可能是他们的婚姻还未遭遇过什么考验，又或许传统的性别角色对他们的约束力更小。2011年的调查中，妻子高收入的比例在新婚夫妇中占到了约30%（占已婚夫妇的24%）。不管是我的个人调查，还是和一些夫妻的闲谈中都发现，情况真是如此。

尽管整个社会对单身母亲的包容度越来越高，但是我们当中还是有些人，似乎对妈妈，不管她是单身妈妈或是已婚妈妈是否应该外出工作的态度相当模糊。2013 年皮尤研究中心的调查发现，受访者中有一半人认为，如果妇女留在家当个全职妈妈，对孩子会比较好。只有 8% 的人认为，如果父亲留在家，对孩子会更好。调查还发现，64% 的美国人仍然认为未婚先孕是一个“严重的社会问题”（尽管这一比例相较于 2007 年的 70% 有所下降）。但是，大多数的美国人都认为，女性就业人数的持续增加有助于家庭“获得更多的经济收入，家庭生活质量会更高”。

调查还发现一个有趣的趋势：当今社会中，单身母亲未再婚的概率相比过去要高得多。1960 年，单身母亲未再婚的比例仅占 4%；而到了 2011 年，这一比例飙升到了 44%。坚持不婚主义的妈妈的收入，比离异或是丧夫的单亲妈妈要少很多。她们很有可能是来自少数族裔或是少数民族。（显然，这些激增的未婚妈妈也是整个挑起家庭生计大梁的女性当中一个很重要的群体。）

女性撑起家计的原因有很多，有的因为离异，有的是另一半失业，自己不得不扛起家计的被动型养家糊口的女性，也有位高权重与另一半一起在职场上拼杀的女斗士。

不管你是因为何种原因担起了家计，如果因为你的高收入造成的夫妻矛盾，都能在本书中找到适合你以及你这类特殊情况的多种解决办法。

近两年为了研究这个议题，除了去拜访两性关系专家和理财专家，我也曾咨询精神科医师、行为专家、学者和离婚律师。我还有幸邀请到临床心理学家布拉德·克朗茨共同研究。他是堪萨斯州立大学的副教授，出版过四本有关金钱心理的书籍。他还是YourMentalWealth.com网站的联合创始人和首席执行官。我们一起调查了全国一千多名女性（大部分都是家庭经济的支柱），就金钱对她们与另一半关系的影响进行了全面的调查。在第一章当中，你就会读到这项具有开创性意义的调查结果。

因此，尽管针对女性高收入引起的家庭问题，我们没有一个“万全之策”，但是，我们可以通过一些实用的方法策略做提前规划，未雨绸缪，让未来的路更加平顺，让每一位高薪妻子或是经济独立的女性更加attractive。

调查表明，拥有十八岁以下孩子的美国家庭中，有40%的家庭是由妈妈来挑经济大梁。这意味着，从1960年以来，女性养家的人数增加了500多万，翻了两番。

理财不是理钱

对初学者来说，理财不仅仅只是和数字、电子表格打交道，还需要一种心态。我们不需要弄明白资产、负债之类晦涩词汇的内涵，我们需要的是一张理财地图，它不仅涉及家庭财务管理，还能指导我们应对家庭理财过程中的夫妻矛盾。

不得不承认当今女性的思维似乎还停留在远古的洞穴时代，没能与时俱进，适应时代赋予的新角色，而男性基因中捕食狩猎的本能让他们天然地排斥家务活动。显然，我们需要应对的状况错综复杂。

就我而言，每天都要应对外界不太友好的环境。究其原因，远远不只是我比老公的收入高这么简单。我是第一代伊朗裔美国人，从小就被灌输了传统的金钱观和婚姻观。在工作中，我接触到越来越多不同背景的女性，她们的收入都高过老公。她们和我一起分享了自己在苦苦寻求同时保持收入优势和良好的夫妻关系之路上的苦楚以及成功的经验。

所以， 2012 年出版《女人一定要理财》之后，我开始琢磨该为这些新时代的女性写点什么。于是，一波一波的疑问扑面而来：要是老婆收入高过丈夫，那由谁来支付生活开支（那你该如何跟另一半捅破这个话题）？养老金该怎么缴？如果孩子谈恋爱了，或者有天恋爱了，该怎么办？夫妻怎么才能避免僵持不下的局面？妻子如何能不让丈夫觉得有失颜面，捍卫他男性的尊严和养家的积极性？怎么样才能让一个身负家计，顶着职场压力的女性，面对不断追加的财务难题，不生气、不抱怨？

当我开始研究，采访一些在日常生活中面临此类问题的家庭时，我就发现这个议题其实是复杂和多层次的。通常，矛盾的症结不在于如何理财这样的组织工作。这个部分很好处理。难就难在这个议题涉及夫妻间深层次，极度微妙的心理层面，如何在外部关系中把握好非常难。实际上家庭理财考验更多的是情商，而不是记账、管账的事情。

许多夫妻谈起金钱都感觉有些难以启齿，尤其是妻子高收入的家庭中。金钱纠纷在全世界范围内，都是离婚的第一主因。随着时代的巨变，女性收入节节蹿升，也会导致更高的离婚率。金钱问题是夫妻无法忽略也躲避不了的话题。

社会还没跟上步伐适应女性经济角色的大逆转，只要我们找对方法，还是可以成功的。只要我们想拥有快乐幸福的夫妻关系，那么我们毫无选择只能迎难而上。我和丈夫第一次讨论各自的收入问题是在一家酒吧，一边喝着浓烈的玛格丽特酒，一边坦诚地交代了各自的收入状况。

为撰写此书，我做了大量调查研究，先撇开那些实用的理财建议不谈，我迫不及待地想和大家分享的是，一些理财专家对夫妻关系的研究。他们研究性别差异如何导致行为差异。你知道男性看待金钱相较于女性有何不同吗？你知道如果我们表达诉求不当，在日常言谈中制造的疏离感，会无意识地让另一半内心感觉受到轻视吗？如果你了解性行为是人类行为的原动力时，看待很多问题就会有拨云见日的感觉。面对两性传统角色的逆转，也会处理得更加得心应手。

你知道多数同性恋夫妻在处理夫妻关系上颇有心得吗？同性恋夫妻的相处之道能让我们受益良多。

你知道为什么那些“体格健壮、充满阳刚之气的壮汉型”大男人，他可能是来自波士顿的一名警察，也可能是一名前海军陆战队员（生活中此类人随处可见），如何欣然接受由妻子来养家吗？

在写书过程中，我还花了不少时间精力筹办派对，为的是让大家就妻子收入比丈夫更高这个议题展开激烈的讨论。我也曾听到诸如“男人绝不会希望妻子比自己挣得多”“没有哪个女人会希望自己的收入超过丈夫”这样的言论。但关键是，持此类观点的人生活不一定就幸福美满。那些成功驾驭新型夫妻关系的人，早就把这些陈词滥调和带有性别歧视的观念抛到九霄云外。

在书中你可以读到一些优秀女性的故事。非常荣幸我能采访到她们，向这些先锋女性取经。她们个个薪酬颇丰，婚姻幸福美满。比如，一位养老金的精算师年收入过六位数，却嫁给了一位年薪只有 $11,000 的校车司机。另一位银行高管，她的年收入是蓝领丈夫的 7 倍。

那是什么秘诀让他们这种新型的夫妻关系如此成功呢？面对家长的反对，朋友的不认同，她们又如何应对的呢？鉴于个体的需求和掌握的资源不同，夫妻双方又是如何来分担责任和义务呢？这些夫妻对这样一种新型家庭关系又是作何感想呢？妻子是倍感自豪，还是心不甘情不愿，心生埋怨呢？丈夫是否觉得一身轻松，或是有些难为情，觉得受到羞辱呢？夫妻怎么才能照看好彼此的情绪？在本书中，我会对所有这些提及的、未提及的问题一一作答。

我不会去掩盖粉饰这样一个事实：妻子的收入与丈夫出现巨大悬殊的时候，想要成功地维系这段婚姻确实要比夫妻双方收入均等，或是丈夫收入高过妻子这样的家庭要付出更多的努力，这是很现实的一个问题。

我咨询和采访过许多的女性，得知很多对夫妻就是因为丈夫不堪忍受妻子收入过高所带来的压力而离婚。看看娱乐八卦，不难发现这样的事例在这些高收入人群中正在频繁上演。但是，这并不是要你去成为一位好莱坞明星或是年薪百万的商界大亨，收入远远超过另一半，才能体会这种悬殊造成的压力。也不是让你和一位不劳而获的小白脸缔结一段孽缘，感到无比地沮丧，把所有问题扛在自己肩上。这种天壤之别的悬殊似乎并不会存在于普通的生活中。现实一些来说，任何的收入差距都会将你和另一半的关系带入一个全新的局面。

我们即将看到不同类型的夫妻关系，包括收入、教育程度、家庭背景悬殊的夫妻，他们是如何打开夫妻关系的新局面。世界上有许多的女性，有来自法国、葡萄牙、哥伦比亚还有美国的，她们的教育程度都高过自己的丈夫。

虽然是“下嫁”，这样的夫妻组合粉碎了“门当户对”的概念，他们用自己的行动诠释了爱情的真谛。令人欣慰的是，即便有如此收入差距的两个人结合在一起，也可以相亲相爱、共同进步。他们的婚姻关系甚至比许多传统的夫妻更持久。面对前方的风雨，他们也能携手同行。

有些情况中，女性挣得比较多，是因为丈夫决定回学校进修。又或者，妻子的收入其实只比老公多一点点，却要面对和收入悬殊的夫妻一样的压力。这种压力肯定会为她的夫妻关系带来问题，特别是开始考虑生孩子的时候。

女性独立与自由

一百多年后，当社会学家、人口学家还有人类学家，回看我们这一代的女性，他们会认为 21 世纪的女性在上演家庭地位大转盘的故事。女性在用智慧斩获事业的同时，还渴求一份真爱。而这份爱情不需要有惹人艳羡的薪资和养老金计划，也无关另一半是不是有研究生的学历。

尽管，家庭中女性挑大梁还是一个新生现象，以至于《男人的末日》的作者汉娜·罗森表示：“这种家庭的情感状况还鲜为人知，较为神秘。”但对于我们这些局内人来说，没有什么神秘感可言。

有人认为，这种新的经济秩序是在打压男性，从某种程度上剥夺了男性的尊严。我对此，并不买账。恰恰相反，只要夫妻双方学会感恩和包容生活中的点滴，彼此尊重信任，会创造更多机会让彼此受益。

从社会经济学的角度来看，男性始终被认为是养家糊口的顶梁柱，而女性仍觉得有义务要操持好家务（即便是在外工作了一整天）。

男性成为一位好父亲是值得赞扬的事情，而女性成为一位好母亲却是理所当然。或许如今这样的观念有了一点点的改变。如今，职场妈妈已经不是一个新鲜词汇。但是，在这场变革中，我们要颠覆太多的传统观念，才能建立一种健康、成功、现代的夫妻关系。

我和我丈夫在一堂商务课上相识，当时我在宾夕法尼亚大学攻读金融学位。后来因为我要去哥伦比亚大学新闻学院攻读硕士，我们分开了一段时间。几年后，我们又在一起了，接下来你懂的。那时候，我已经是媒体圈的一名财经专家，并且小有成绩。

尽管我的事业蒸蒸日上，但越发感觉，收入上的优势为我的夫妻关系，招惹了不小的麻烦。我还发现，周围的许多朋友、同事、同行都面临同样的问题。她们都实现了父母望女成凤的心愿，却不想自己成为一家之主时，要承担如此沉重的社会舆论负担。

因此，我愿意承担这个使命，要找到应对的方法，书写新的规则，和全世界女性共享。

当女性挣得更多的时候，不必通过外界的报纸杂志来告诉我们，日新月异的社会经济潮流正在影响着我们及全社会。因为，这种收入差距已经在日常生活中影响我们。每当和老公、男友讨论家庭经济状况时，我们无不感到压力山大。当我们拿起账单付账时，无不感觉到母亲表达的不满。当有人大胆调侃我们什么时候准备要孩子，生完孩子是在家做全职妈妈还是继续工作时，又或是对我们养育孩子的决定指手画脚的时候，我们无不感觉到一种压力。

我们知道，性别因素往往影响角色分配。就是说，职场女性，包括那些挑起家计大梁的女性，仍然不幸地要承担更多照顾家庭和孩子的重任。下面，我也会探讨这个问题，给出诸多建议能让女性不为家事所累。

简而言之，如果女性挣得多，那么会影响到夫妻关系的各个方面，因为生活的各方面都和钱息息相关。尽管，一直以来，男性都背负着“赚钱养家的压力”，但并不意味着女性也会如此。由于各种各样的原因，女性背负家计的压力各有不同。这一点，我下面会谈到。所以，女性需要有自己独特的剧本。

本书给出了十条黄金法则，针对解决那些妻子收入高过丈夫时最容易引发的问题。在书中，读者能读到真实的夫妻案例，年龄从 20 岁到 60 岁不等，来自不同的地区，社会经济情况也各异。本书还有来自心理学家、婚姻诊疗师和财经专家（包括我在内）的一些专业建议。

通过阅读本书，你能学会如何避免冲突，正确理财；如何在家务分配上、双方诉求以及性别角色上和另一半进行良好的沟通；知道在和别人谈及财务状况时，什么应该说（什么不该说）；知道从家庭整体出发考虑，从长远来规划，怎样才是教养小孩的最佳决定。

另外，还能了解如何超越陈旧的社会观念，维系一段稳固、幸福的婚姻关系等重要的课程。

在此我想澄清一下：此书不是一本女权主义的宣言。我只希望给读者提供一些所需信息，更好地审视自身的选择。只是想帮助读者做出更为明智的选择，而不是替读者做选择。我希望这场革命能继续下去。我们需要更多的女性改变观念，努力挑起家庭的大梁。让我们的革命之路继续走下去。

作为集成功、独立、性感与智慧于一身的女性，我们一直都是佼佼者。那么我们的婚姻关系也同样应该让人称羡。我们的母亲、祖母那一代为我们打下了坚实的基础，作为当代的女性，我们应该冲破传统社会赋予的角色，开创一条新的道路。媒体报道中的“女性崛起”只不过是一个开端而已。如果我们还没有意识到这个信号，会损失惨重。如果今天我们意识到了，那么不管是从物质上还是情感上，我们都会获益多多。我们还能为下一代造福，或许有一天，她们在经济上拥有更多的发言权，会超出我们的想象。

2012 年底，芝加哥大学和新加坡国立大学组成的研究团队公布了一项惊人的研究结果。研究称，相比那些经济能力不及丈夫的女性，经济能力比丈夫高的女性反而更容易放弃事业。即便是去工作了，很多人都会隐藏自己的潜力，不去争先当领袖。

一位博主在经济学人的网站上总结道：“对于经济发展来说，这可不是个好消息。”作者总结称，研究结果的言外之意非常明确：“夫妻收入差距悬殊的状况，以及未来的经济推动如不能发挥女性的潜能，都会令人堪忧。”对此，我举双手赞成。但我并不认为，夫妻关系中的“天花板”效应是难于打破的。诚然，夫妻中妻子收入高过丈夫，这样的婚姻关系维系起来确实会令人劳心劳神。这种婚姻，往往问题多，离婚率也高。但并不意味着，努力了也不会成功。书中所提到的这些故事和想法足以证明这种状况完全能被处理好。

拥有一个幸福而有价值的家庭，是完全有可能的。朋友们，我们幸福才是世界愿意看到的。

目 录

chapter 1

黄金法则一：勇敢面对现实

传统家庭传达给子女的生活期待是：女人希望一位身强体健、薪资优渥、温文儒雅的男性能拜倒在她的石榴裙下；男人则憧憬有朝一日飞黄腾达，娶一位聪慧美丽的贤妻良母。我的母亲曾一度担忧，如果我未来的老公既不是颇有建树的专业人士，又没有一份让我们衣食无忧的工作，我的生活何以为继。如今，母亲的这种担忧可谓是杞人忧天了。正如我在前言中提到的，和我一样的女性不光养活自己，还一跃成为家庭经济支柱。我们这一代的女性年幼时备受宠爱，父母、老师、社会让我们接受良好的教育，为将来繁花似锦的职业生涯打下基础，以期最终遇上一位意中人，相亲相爱携手前行。为此，我们对男人不停地挑挑拣拣。

当我不光能赚钱糊口，而且成为家庭的财政支柱时，我的生活遇到了一些出乎意料的阻碍。尽管我事业有成，但女人养家有悖于传统文化，难以获得社会的认可。这些都鞭策我要改变传统的男主外女主内的社会观念。但是，想要成功地维系家庭生活的和睦，法则一，就是要勇敢面对现实。此法则送给那些与我处境相同，或者将来会面临如此情形的女士们。原因很简单：一旦女人独挑家庭重担，在生活中面临的挑战将难以言喻。这是一个不争的严酷事实。

做大女人的风险

女性在职场上的迅速崛起被誉为近五十年经济的新迹象。但是研究发现，女性收入高过男性存在诸多不利之处：未婚女性很多趋向于独身主义，已婚女性婚姻生活也不会那么如意；婚姻破裂的可能性会增加。更令人咋舌的是，女性收入高过丈夫，夫妻双方都容易出轨。

2012 年，康奈尔大学对 18 岁到 28 岁年龄段的情侣（同居超过 1 年）和夫妻进行了一项调查。研究发现，男方完全没有收入来源，靠妻子养家，其出轨的概率要比与收入与女方相当的男性高五倍。妻子收入约有丈夫的四分之三的家庭中，男性最不容易出轨。对于家庭而言，妻子在经济上越是依赖丈夫，他们的婚姻越牢靠，越不容易出轨。我感觉，年纪稍长的夫妻更容易出轨。因为，年轻的夫妇对女方高收入的情况更持包容的心态。我曾和离婚律师探讨过此问题，他的观点也证实了我的这一猜想。

事实上，女性收入过高带来的影响远不止造成夫妻不和或是引发出轨行为。它的影响渗透到了女性的个人生活和事业发展的方方面面，包括同事关系、投资理念、休闲娱乐以及择偶标准等。

前言中曾提到过（芝加哥大学和新加坡国立大学的经济学家组成的研究团队）一项研究发现，传统的性别观念，特别是“男主外，女主内”这种传统观念一直影响我们的婚姻取向、择偶标准、择业观念，甚至婚姻的维系。

通过观察夫妻收入对比的分布，研究者发现，女方收入超过男方的家庭数量急剧下降。可见女人赚得多不利于家庭和谐。收入越高的女性越难嫁，而且有稳定伴侣的人数也在下降。其中一个重要的原因或许是 1970 年到 2008 年间，不同种族、族裔的年轻人走入婚姻的人数下降了 30% 到 50%。很显然，人们选择晚婚导致了结婚率的整体下降。但是研究者认为，截止到 2010 年，过去四十年中结婚率持续下降，四分之一的原因应该归于女性收入过高。

研究者还发现，女方的学历和收入能力高过另一半的，更倾向于做全职太太。听起来或许有悖常理。仔细分析发现，如果女性收入过高会促发婚姻危机的话，她们会更明智地牺牲事业来保全家庭。毕竟，当她意识到自己的收入水平影响夫妻和谐，她可以选择远离职场。无论如何，丈夫的收入足以养家，这未尝不可。

还有一项结果更出人意料，妻子收入高过丈夫的家庭，妻子在家庭中的角色更具传统性。这或许足以解释高收入女性反倒承担了更多的子女教育和家务活的原因。

研究者认为：“从夫妻双方花费时间的数据显示，传统的性别观念很可能让那些收入较高，威胁老公地位的女性反倒承担更多家务。”

相关研究也证实，挑起家庭大梁的女性仍然承担着三分之二的家务劳动。这种长期的不平等造成大批已婚女性离开职场，尤其是那些男方收入足以维持家计的家庭。芝加哥大学和新加坡国立大学的研究者还在 20 世纪 80 年代至 90 年代进行了两次随机调查，考察五年内夫妻的离婚率，力求查明影响离婚的风险因素。结果表明大约 12% 的夫妻关系维持时间不到五年。而在女性收入高过男性的家庭中，离婚率达到了 18%。

每个人都希望另一半聪明能干又上进。同样，丈夫也希望妻子能如此，但前提是，妻子的收入比他稍低一些，不对他构成威胁。很显然，这种双重标准具有偏见性，往往会影响到我们在职场的抉择，夫妻关系的幸福和婚姻生活的寿命。

尽管，女性的平均收入还是低于男性。但在过去的四十年，女性的收入越来越接近男性。在高中，很多女生学业比男生出色，她们还能够进入大学并且顺利毕业。

实际上，皮尤研究中心在 2013 年公布的最新研究发现，进入 21 世纪后，女性与男性的收入差距逐渐缩小。32 岁女性的收入已相当于同龄男性同胞的 93%，女性整体收入则相当于男性的 71%。

在大学中，女生的成绩比男生更出色。女生获得文凭的比例胜于男生，大约 60% 的学士学位都颁发给了女生。即便是面临经济危机，女性也可以迅速获得职位。

过去十年间，对于男性而言，特别是工薪阶层和中产阶级的男性，他们在经济转型中有着完全不同于女性的经历。制造业的员工岗位减少了差不多 600 多万，约占整个制造业从业人数的三分之一，而且不断吸纳年轻的员工。对比而言，医疗、教育和服务行业的岗位数量不断增加几乎相当于制造业消减的岗位数量。而这些行业，几乎是清一色的女性岗位。预计到 2016 年， 15 类被认为是成长最快的行业中有 12 类行业，都属于女性主导行业，如教育、会计等。

根据皮尤研究中心的数据显示，2011 年全社会的家庭中，女性学历高于男性的比率创下历史新高。在有小孩的家庭中，23% 的女性学历高过男性，只有 17% 的夫妻中，男性的学历高于女性。剩下的 60%，夫妻教育程度相当。

职业女性的出色表现，形成一派职场新局面，促使社会对女性的工作能力予以认可。这些重大的社会反响让我们的祖辈都会难为情。比方说，被我称之为“代沟”的一个惊人现象。按照财经顾问、治疗专家巴里·泰斯勒·林登的说法，女性比男性更早熟。

她说：“因为女性相比男性而言，更迫不及待地寻找自己擅长的领域，迫不及待地获得事业的成功。”例如，大多数城市中，30 岁以下的女性，其平均收入要高过同龄的男性。另外，女性获得学士学位和更高学位的人数要高过男性。我想，泰斯勒·林登用“迫不及待”一词来形容女性很恰当。

同时我认为，她也是在暗指，女性在生理上比男性衰老得更快，她们想要更快地实现梦想，获得声望，得到社会认可（包括我们的母亲、老师、好友以及那些先锋女性等）。

然而人类本身的生理特性和根深蒂固的性别观念对于家庭经济关系的影响不容忽视。这两股力量的恒久影响，正是女性收入过高而引发两性摩擦的症结所在。即使是成功女性也不得不承认，职场是“男人”拼杀的战场。

对男人而言，想要对妻子收入高过自己的现实从容看待，不是那么容易。但是我们也会看到，男人和女人一样在职场饱经风霜，而且还要面临社会对男性更高的期待。2010 年皮尤研究中心的调查发现，67% 的美国人仍然认为，男性在婚前必须具备养家糊口的能力，对多数男性来说这相当“重要”。但是，只有 33% 的人认为，女性也应该如此。

圣路易斯华盛顿大学奥林商学院，从事战略研究的拉马尔·皮尔斯教授 (Lamar Pierce) 指出，多数男性仍然认为，男人应该比女人挣得多。一旦事情反过来的时候，会觉得有损男人的颜面和尊严。

皮尔斯进一步指出，女性收入高于男性会导致男性性无能。皮尔斯与丹麦同行经过共同研究发现，在女性收入略高于男性的夫妻中，男性需要吃处方药抵抗勃起功能障碍、失眠、焦虑这类症状的比率比普通家庭高大概 10%。

虽然我们很难去证实这种女高男低的收入差距和男性的功能勃起障碍有直接的因果关系，但是皮尔斯却给出了证明，夫妻收入的差距和治疗男性功能勃起障碍的剂量呈正比关系。女性收入越高，男性的功能勃起障碍就越发严重，对药物的依赖就越强。

如果这种收入差距在婚后形成，那么以上所说的连锁效应更加地明显。如果在婚前，男性就知道对方收入比自己高，那么未来面对这种收入差距会较为容易接受。如果男性只是与收入超过自己的女性同居，而未结婚，也不会觉得那么伤男子气概。

我还想申明一点，我们女人也不是铁打的，每天风里来雨里去，应付职场和家庭的各种状况，也有负荷不了的时候。密歇根大学研究公共政策的经济学家和教授贝特西·史蒂文森和沃尔弗斯·贾斯汀（Betsey Stevenson and Justin Wolfers）发现，虽然现在的女性有越来越多的选择，但她们的幸福指数却大不如前。而且，一旦不能有效地处理来自各方的压力，女性很容易患心脏病、中风等重大疾病。

尤其是那些丈夫失业在家，扛起家计的妻子们。她们的负面情绪会越积越多，从开始的焦虑、不满到深深的怨恨。正如一位独自挑起生活重担、倦怠不堪的女性说：“结婚的时候从未想到要遭受这些苦难。”

2013年《美国社会学研究》的一篇评论指出，相比花时间去煮饭、打扫和采购（这些女性的工作），男人有时间应该去除除草、买个单、换个轮胎，做这些男人该做的工作，会让他更有魅力。其他的研究证明确实如此，同时还反映了社会对性别差异根深蒂固的观念，就是你身为一个男人或者女人该干什么，不该干什么。

这种性别观念还会影响到我们的判断，哪种行为是有魅力的，或者哪种情况是有魅力的。但任何事情都有不利的一面。要是男性一点儿家务都不做，会使夫妻之间产生摩擦，引发妻子不满。很多的研究都表明婚姻幸福与否，与夫妻双方在家务方面的参与度有很大关系。（请见第六条法则）

在写此书过程中，我和心理学家布拉德·克朗茨 (Brad Klontz) 进行了一项问卷调查，有1033名女性参与。调查内容从她们的婚姻满意度到夫妻的家务分配。其中，那些收入高过丈夫的女性（相比收入低于丈夫的女性）对婚姻的满意度总体上要低，对家务的分配也更加地不满。

调查还发现，收入较高的女性更不情愿去跟老公讨论家务分配状况，因为她们觉得难以启齿。（很多高收入女性，希望自己不要挣那么多，这样能让老公感觉舒服一点）而且她们对自己的生育计划及未来的家庭规划都不满意。（欲知详情，请登录www.

whenshenmakesmore.com）

我们不需要科学家、学者、调查报告、统计数字和性学文化专家来告诉我们，当男性不再是家庭的经济支柱，他们会备受心理和生理的煎熬。从日常生活的经验，我们就可以得知。当传统的家庭经济关系发生颠倒，女性收入相当可观的时候，她们会感到内疚、羞愧，会对两性角色的分配产生质疑。

“要你何用？”

卡门和米歇尔两位女性的婚姻经历，可以让我们一窥养家女人的婚姻悲剧。她们虽然身处天南地北，但她们的经历却有着惊人的相似之处。当她们面对自己的丈夫，心里琢磨着同一件事情：我要你何用？在我和她们分别谈话的时候，她们说出了同一句话。我很快就在想，她们对婚姻的不满是从什么时候开始的？为什么对老公如此不满，还不赶快做个了断呢？

卡门与我谈话之时，言语中透露出离婚之意了。而米歇尔认为还没到那一步。产生这些想法实际上是有其根源的。两性关系专家艾莉森·阿姆斯特朗（Alison Armstrong），曾开办“快乐男人知足女人研究会”而广为人知。据她说：“当女性收入高过自己丈夫的时候，会有一个强悍的声音问自己，‘离开他，我是不是会过得更好？’这是一种无意识的想法，但是很有杀伤力。”

这类女性的婚姻不免会因为这种想法而受到重创，更不必提那些曾和我交谈过，也抱有同样想法的女性，她们的婚姻肯定也会受到冲击。卡门的个案也让我了解到，反转的家庭经济关系会带来何种的伤害。从前，卡门的丈夫收入高过她。后来，因为某些原因家庭经济关系发生了逆转。我猜想，肯定是无路可走了，才会让妻子来养家。如今，为了彼此能过得更好，他们结束了十三年的婚姻。她表示对丈夫已经失望透顶。在她看来，他就是只懒虫，一无是处。而他每次听她唠叨，让他去工作，心里就满怀怨恨。

卡门生于波多黎各一个普通家庭。12 岁来到美国，她就开始了干劲十足、自立自强的打工生涯。而如今，进入不惑之年的她，是一对双胞胎孩子的妈妈（还有一个孩子已长大成人，是与前任丈夫所生）。一向积极进取的她却无法让老公去工作。卡门的老公——大卫曾经和他的父母共同经营着一个小生意，后来转售给了别人，之后，就一直失业在家。他自认为以自身的资历和教育程度完全够格找份高薪的工作。对于一般的工作，他从来都不屑一顾。

卡门很希望大卫能承担起家计。对于妻子的再三请求，大卫总是置若罔闻。这时候，卡门不得不开启生存模式，为生计打拼。原本卡门是一名体育记者，却不幸下岗。后来她用自己攒下的积蓄，一点“闲钱”辛苦地经营起了自己的小生意——在美国的郊区开了一家温馨舒适的餐厅。晚上还兼职做演员。用她的话说：“我就喜欢‘做些什么！’就好像溺水时我在努力挣扎，旁边那个人却只是静静地看着你慢慢地沉下去。自此以后，我们的婚姻关系从零度跌到了零下六十度。”

一天我和卡门约在她的餐馆见面，一来看看她的工作状态，同时完成我们的采访。她清早五点起床，七点就开始工作，疲惫的神态已经掩饰不住地挂在脸上。下午两点，小店关门后，她还要出门和餐馆的房东洽谈续约的事情。晚上还要赶回家给家人准备晚餐，今天家里来客人。光是听这个女汉子讲述她“日常一天的生活”都能感觉到她该累成什么样。每周二、四她还为一家当地折扣家具连锁店张贴广告。她已与商家签订了受聘协议，收入还不错。其他时候，她会参加一些影片的试镜，希望能客串一把。我到访的时候，她刚好参加完两部电影的试镜。为此，她要找人换班，花上两三个小时，穿梭于波士顿与家之间。

卡门视我为闺蜜，从恋爱到结婚再到濒临离婚，无话不谈、直言不讳。当我问起，当初大卫究竟有什么样的魅力，让她芳心大悦。卡门对我说：“一开始，他给人一种错觉，认为他是个经济独立的商人，有事业心，而且锐意进取。”“我在恋爱中时，一直都是一个比较独立的人。所以，我想‘天啦，我不正合适吗。我得表现出我是一个可以照顾自己的人。’回过头来看，他的那些雄心抱负都是浮云。我高估了他对工作的态度。我认识他的时候，他有自己的生意。但是，生意失败后他一蹶不振。”卡门的经济，一度拮据到需要抵押订婚戒指来偿还贷款的地步。

相识之初，她对这段感情有很高的期待，但到最后只剩下伤心。尽管，她不否认大卫是个爱家顾家的好男人，但是他没有一点要为家庭经济做贡献的意愿，使得他那些好处、优点都变得不值一提。在她眼里，他的好就只剩下，每天照看放学回家的一对双胞胎。

因为家庭财务分配，丈夫大卫拒绝了好多次工作机会，他们两人就此不知争论过多少回。就像上一次，一家新公司出六位数的年薪聘用他，却被他一口回绝了。理由就是，他自己创业没有成功，如何帮助别人。每当卡门发牢骚，说自己赚的钱都被用来应付开销和生活开支，根本没有钱去拓展生意时，大卫就会为自己的行为辩解：“我应该怎么办？难道让我去接受一份一个小时才10美元的工作吗？”失败的创业经历给他留下了阴影，他曾表示不再做餐厅生意。现在，看着卡门的餐厅蒸蒸日上，他又有兴趣入伙。

卡门虽然爱护老公，但不希望老公是搭上她这趟顺风车才成功的。她承认，孩子主要都是由老公来照料，他对家庭也做出了贡献。但这些本不应该由他来做，他完全可以出去工作，那样他们会过得更好。照看孩子这些事情，可以找其他的途径解决。孩子们目睹他们之间这样吵吵闹闹，每天看着妈妈拖着疲惫的步伐回家，并没有让家庭状况出现好转。有一次，儿子很直接地跟大卫说：“爸爸，你应该去找个工作。”

那么，我不禁疑惑：卡门对这段婚姻还有什么可留恋的呢？当然，肯定跟性生活无关。她无奈地表示，她和老公已经好久没有性生活，甚至比较亲密的接触都没有。她现在是一个“毫无性欲的人”。卡门现在开始琢磨，是否该结束这段婚姻。但是有两件事一直让她放心不下，每每想到，就立刻打消了离婚的念头。一件是老公现在的身体状况，他的心脏不好正在接受治疗，希望等他恢复健康再说。另一件，可能也是让她还在维持婚姻现状的一个更重要的原因。这是任何一个母亲都会顾虑和担忧的，那就是离婚对孩子的影响。这个原因让卡门内心纠结不已。尽管她从心底里认为，“这样下去不行”了。

米歇尔的经历和卡门有些类似，可谓所有的悲剧都是类似的。不同的是，米歇尔生活在西南部，那里对“男主内，女主外”的事情已习以为常，不会造成多大的困扰。自从孩子出生以后，老公就停止了工作。和许多夫妇一样，他们认为，留一个人全职在家照顾孩子比较经济实惠。于是，老公留在了家。但是现在看来这项决定大错特错。现在，米歇尔强烈要求老公去找工作。因为她感觉到老公丧失了对家庭的责任感。而且，她也希望能从现在的这家小型科技公司的首席营销官的职位卸任，找一份轻松一点、工作时间更为灵活的工作。

多年来，身为企业主管的米歇尔，每天的日程排得满满当当，为工作心力交瘁。有一天，在回家的路上，她终于承受不住，差点晕倒。当时她感到一阵心悸，以为自己再也不能像以前一样以如此疯狂的速度前行。她决定停下脚步，让自己休息两周，逼老公出去找工作。“我辞掉工作那天，感到无比地放松。这还是生完孩子后，头一次这么开心。我感觉一下子都归零，我可以随心所欲去做想做的事了。”

米歇尔和老公本在一起已经超过 17 年了。当初老公收入比她高。但时代变了，米歇尔升职加薪，成为了企业主管，工资比做网站程式设计师的老公多出了数万元。第一个孩子出生后，老公考虑到他们经济状况良好，决定缩减工作量。两三年后，第二个孩子出生了，米歇尔成了家里唯一的经济支柱。但最终，米歇尔感觉到自己的生活失去了方向。虽然米歇尔的公司给她提供了“优厚的福利待遇”，一份高端的职业，丰厚的薪水，但她不得不牺牲原有的生活品质和与家人相处的时间。而此时的本，却享受着相对轻松自由的生活（天天围着保姆、管家和园丁打转），不用向老板汇报，只要管好这个家就一切 OK。

从米歇尔的言谈中，我能感觉得出来，她的婚姻症结在于不满老公缺乏事业心、满足家庭妇男现状的表现。和卡门一样，她埋怨老公懒散的态度。她老公窝在家做全职奶爸的时间越长，他就越没有积极性。即便这两个女人都承认，丈夫在家带孩子，确实为家庭付出不少。但是老公对家庭以外的事情提不起一点兴致，还是让她们觉得焦虑。

米歇尔和我聊起她的烦恼，娓娓而谈："从女人养家开始，她就承担着巨大的压力，这对于女性是一种不公平的待遇，从而内心增添怨恨。回到家，不仅要赶时间完成工作，还要为第二天的报告做准备。这时候发现，孩子高烧 40℃……我看着老公，不禁抱怨，'你能不能操点心呀？'我感觉，他一点责任心都没有。女人外出工作要承担很多的责任，而在家带孩子的男人总是一副事不关已的态度。我有时在想，为什么要一肩挑起所有的责任？一次我工作的时候，他打电话来问，'今天晚餐你想吃什么？'我想，'我午餐都还没吃呢，不过我很高兴，你还能惦记着晚餐吃什么'。"

她又说道："每次他从我的银行卡里取完钱，然后对我说：'嗨，我带你去巴黎玩吧。'我真的兴奋不起来。十年来，我都一直告诉他，不是要你去挣很多钱，但你可以说，'去年我把五万块钱的收入都花在了孩子的教育上'。他完全没有挣钱的意识。现在我已经不会觉得沮丧、生气或是不安，只是感觉完全幻灭了。两人仅仅相爱是不够的，毕竟生活要有柴米油盐，衣服要洗，碗筷要刷。"

如今，米歇尔的老公已经回归职场，但是在家务上完全不合作的态度让她越发恼火。老公经常以工作为由，躲避家务。"我那位单一思维的老公会说，他要早出晚归，没法给孩子准备午餐，不能接送他们上学。”读者后面会看到，这都是因为男人是一种一次只能干一件事情的动物（用阿姆斯特朗的话来说，男人属于“单一性思维”，一次只能干一件事）。但是，这并不代表说，男人可以把所有的家务都甩手不管啊。特别是，当女性承担了更多养家重任的时候。

米歇尔提到的“单一思维”问题，我们在书中会继续探讨。虽然她和卡门的情况都属于极端的个案，两人的老公要么不去工作，要么讨厌工作。但在收入上女高男低的家庭中，夫妻大都会遭遇诸多类似的问题。我们女人，天生就爱付出，爱操心，潜意识里“事事都想包揽”，容易把事业和家庭混为一谈。女人们既想在家带小孩，又想在职场打拼的心态，完全可以体现出这种“贪心”的天性。正如米歇尔开始重振旗鼓做咨询业务，丈夫也有了稳定的收入之后，她还要每天安排好孩子的日常生活，课外活动、夏令营、看医生，还要制订全家出游计划。因为平时自己工作忙，陪孩子的时间少，所以总是有一些负罪感。用她的话说：“如果你想陪孩子，又想继续工作，就必须得牺牲自己的睡眠时间。”

如果老公既不照顾家庭，薪酬又没有达到我们的期望值，该怎么办？如果问题的症结不是金钱本身，而是源于更加复杂的心理，涉及情感、自尊心、责任感、相互尊重和信任等方面呢？我们的下场会像卡门和米歇尔一样：长期累积的怨恨达到不可抑制的地步，从而对婚姻关系彻底绝望。如果说卡门和米歇尔的案例具有类似之处，反映出另一个我们很少公开谈论的问题。从心理学角度来看，就是单收入家庭的缺陷。

尽管许多的年轻夫妻迫于无奈，只能有一个人出去赚钱养家，但这种决定从家庭长久的稳定性考量，还是会影响夫妻关系。让一个人在家长期做全职奶爸或全职妈妈都是有风险的。所以米歇尔和卡门与她们丈夫之间的关系疏远也不足为奇。如果夫妻双方都在外工作，会有更多共同的话题，更能理解对方工作中的问题和难处，理解对方的心情。单收入家庭的夫妻更易产生争执，在外工作的那个人拖着一身的疲惫返家，看着不用面对工作压力的另一半，内心的不平衡顿时产生；同样的，在家的另一半觉得自己辛苦一天，并没有获得对方的认可。到了晚上，大家都想找机会发泄一下，家庭大战一触即发。

《两性相处》(Getting to 50/50) 的作者莎伦· 密尔兹 (Sharon Meers) 和乔安娜· 斯特罗布 (Joanna Strober) 表示，单收入家庭的离婚率要高出平均水平的 14%，是夫妻收入不均等的家庭中离婚率最高的。报告称，单收入家庭更容易为收入问题所困扰。挣钱养家的那个人会更累，而照顾家庭的这个人也会“因长期在家带孩子，被没完没了的家务困扰，信心受挫，倍感压力”。

虽然目前米歇尔认为他们的婚姻不至于像卡门的一样，闹到要离婚的程度，但是她私下也会考虑婚后协议的问题（关于婚后协议，我们会在第四章中具体谈到）：如果她和老公哪天分道扬镳，如何保护好自己的财产。她心想：“凭什么离了婚，我还得养他？”

米歇尔的经历还为我们提供了一些有益的经验和教训。比如，要在孩子小时候，多投入精力在工作上。而不是等孩子长大了再去做。她强调：“孩子九个月的时候，你不在身边没关系。但如果他现在是九岁，你必须陪在他身边。”因为孩子这时候正是自我意识的形成阶段，是开始了解自我、学习处理人际关系和矛盾的关键期。

米歇尔在孩子学龄前，就投入大量的金钱和精力培养他们。这个钱花得值（是的，这些并不是老公在家能给予孩子的那种照顾）。多亏当年在孩子年幼时没有减少工作量，让她现在有足够的资格争取到更灵活的工作时间。她可以对某些项目说不，将那些影响她和孩子相处的日程安排忽略掉。现在，她下午三点可以去接孩子。她说，和 11 岁的孩子在车里相处的十五分钟，特别是孩子哪天不开心，这段相处的时间可谓是“千金不换”。

亲爱的读者们，本书并非是为妈妈们抱屈申冤，不是为那些在家庭和职场奋力拼搏的高收入女同胞抱不平，不是只针对那些赋闲在家或在家带小孩的奶爸们。尽管我知道，女性高收入家庭中，孩子出生后家庭状况会面临大调整。对此事实，我不想表现得云淡风轻。本书中的所有故事和想法都反映了现阶段不同年龄层、不同背景的女性自我意识逐渐觉醒的现实。

而米歇尔和卡门只是各色人群中，无数可能性中的一两个代表而已。她们的情况可能是极端的个案。但是，在妻子收入较高的家庭中，确实存在很多问题让婚姻关系陷入焦灼的状态。后面，我们即将与一位电视记者会面。她的收入是身为剧作家的丈夫的两倍。为此，让她在事业上倍感压力。她不知道，今后怎样才能在持续事业的同时，实现生子计划。

这些年来，我对来自不同地区的女性进行过访谈，在准备此书的研究阶段，我也访问过很多家庭，从中我了解到了很多。每个家庭的问题都具有独特性，都各有不同的成因。这些因素可能是和文化、经济、年龄或时代相关，甚至可能是哲学层面的。一位 20 多岁，经济独立的女性和一位收入比她少的男性正式交往的时候，她的想法、行为、目标和期待与一位五十多岁，带着孩子，和收入永远不及她的男人结婚的女性是完全不一样的。但是，这两位女性在维系这种新型的家庭关系中，会遇到类似的挑战。

新时代，旧观念

退后几十年而言，我们的父辈和祖父辈们是家庭供养者和保护者，母亲和祖母则理所当然地在家操持家务。如今的女性已经不能认同这种传统的性别观念。或许我们的观念更加开放。（如今的女性现在不想被“关”在家，男性也更乐意帮忙操持家务带小孩。）现实是旧观念和新思想同时影响着当代的女性，使得她们当下的生活不尽如人意。一方面她们内心本不想放弃自己的梦想，在家做全职太太。也许这就是为什么现在这些全职妈妈对这种状况不是特别地适应。当看到丈夫享受着成功带来的喜悦时，妻子会暗自神伤。若是丈夫在职场一直默默无闻，妻子更会对他表示不屑。根据调查，几乎三分之一的女性承认，如果另一半想要她们在家当全职太太，或者只做兼职工作，她们更愿意离婚，单独抚养小孩。可另一方面当女性独自扛起家计又会身心俱疲。

我们可以从另一个视角来解读这些记录着男女之间冲突和矛盾的调查数据。这就是，社会经济、文化和公共生活发生着突飞猛进的变化，要远远快过我们的观念和情感生活。其实我们陈旧的思维更新得并没有想象中那么快，我们骨子里存在着一种力量不想改变，我们的潜意识压根就不想转变。

布拉德·克朗茨认为，尽管从认知层面，我们能接受女性来养家的事实，但潜意识还是觉得养家的应该是男性。这种不和谐的音符会影响别人对我们的印象。因为不管是男性还是女性，在理性、有意识地判断一个人之前，会无意识地判断这个异性的外貌是不是好看，这个人有什么是值得你喜欢的。在这种情况下，女性会无意识地认为挣钱能力比她低的男人没魅力。而男性会无意识地对挣钱比他多的女性敬而远之，因为他觉得应该是男人来养家。

身为女性，即便有份全职工作，挣得比老公多，在别人看来家务活还应该是由她包揽。（顺便提一下，网站 Salary.com 认为，选择当全职太太会让你每年损失 135,000 元的收入。）后面我们会看到男性处理家务的方式不太一样（这是因为生理上的差异，男性需要在做事情之前，先把待办事项罗列出来）。可能人类与生俱来的生理特性不适应这种有时可能是完全颠倒的性别观念。治疗师巴里·泰斯勒·林登（Bari Tessler Linden）就坦言："男性希望成为一名家庭供养者，女性还是希望受到保护和照顾。"

我只想说，那些宣称当今社会男女平等的人都是自欺欺人。就像没人会相信，现在的社会不存在种族歧视一样。我们可以假装自己进步了，但是现实还必须面对，想想如何才能让我们这些僵化的"山顶洞人"思想与时俱进。

20 世纪 60 年代的女权主义先锋对这种性别的颠倒肯定是始料未及，更别说给予这些 21 世纪的养家女人提供任何的借鉴。几十年前的女性先锋者们为我们开疆扩土，才有了我们今天的地位。但我们中许多人，并没有完全准备好应对这种转变。我们无法回避，只能接受这种转变所带来的阵痛。

最终希望我们能成为“更富有的性别”。这个词最早出现在丽莎·芒迪的著作中。想要争取这片新的疆土，前方的路布满荆棘，这是一个完全未知的领域。我们的自尊和认同感被挂在悬崖上摇摇欲坠。

适时而变

书中所述的所有经验教训中，最重要的一条就是，任何成功的经验不可能是一成不变的。那些所谓的家庭策略都能为你的生活加分。但不幸的是，身为女性的我们做决定时，常常缺乏远见——这是最危险的。

最近《哈佛商业评论》刊登了一篇文章，讲的是企业如何做出明智的决策。文章指出，我们可能常忽略一件事情，就是环境的改变和经济情况的风云变幻，任何事情都会随着时间的推移和环境的此消彼长发生变化。换句话说，我们要与时俱进，解决问题的办法不可能一成不变，需要我们随机应变。

懂得适时而变的道理，对我们面对复杂的现实生活，权衡利弊尤为重要。15 年前影响我们决定的因素，和现如今我们做决定时，考量的因素完全不一样。比如，那时候的经济形势好，单收入家庭也可以生活得很好。而现在，对大部分人来说，这种选择不可取。

现如今，要想让一个人待在家当全职奶爸或全职妈妈，你就不能还像过去一样来考量，因为风险更高。经验告诉我们，不能依赖过去的经验。在做出抉择之前，你要考量不断出现的新情况，权衡利弊，然后走自己的路。

在某种程度上，开辟自己的路（第二条黄金法则）也需要因时制宜、见机行事。

法则一：简要概括

- 女性高收入的状况不利于婚姻：这样的女性会更难嫁；婚姻关系也不会那么和谐；收入高过丈夫会让女性倍感压力，想要减低自己的工作量；还会导致婚姻破裂。你可能还觉得，应该要承担更多家务工作。其结果就是，你的收入更高反倒令你承担了更多的家政工作和育儿的责任。
- 男性一旦放弃家庭供养者的传统角色，男女双方都会备受生理和心理的煎熬（比如，性无能、性冷淡，相互失去吸引力）。这种转变会让双方产生愧疚、羞愧的心理，开始质疑自己的身份。因为传统的观念已深入我们的骨髓，面对当今的社会环境，还没能及时地转变。
- 女性对另一半总是心存怨恨，整天心里琢磨着如果没有他，自己也许能生活得更好。其实这样想非常危险。

◆ 要勇敢面对当下的现实，最基本的法则就是懂得权衡取舍，这样才能做出对整个家庭有益的明智抉择。

chapter 2

黄金法则二：走适合自己的路

许多的女性坚信，女人收入丰厚不会对另一半构成任何威胁。有些人甚至认为，那些对家庭收入“女高男低”说长道短的人都有性别歧视，是不尊重女性。从和别人的闲谈中，我的确听到很多人对女性供养家庭很不爽，那种偏激简直到了无法理喻的地步。一位知名出版社的女编辑，读完此书的初稿告诉我，她和同事们一致认为：“女性收入高不会引起任何家庭或者社会问题。”认为我“傻得可爱”。言下之意是，这本书写得毫无价值。

但是为什么女性高收入的家庭中，发生外遇和离婚的概率如此之高呢？为什么有些女性总会感觉有一层传统观念的屏障无法打破呢？依我之见，女人薪酬丰厚高过男人是一个无法回避的棘手的现实问题。有些人始终还是不愿面对这个铁一般的事实，对那些反映潜在婚姻危机的数据视而不见。如果我们希望今后婚姻幸福美满，就不该生活在自己编织的谎言中，谨遵黄金法则第二条，走适合自己的路。但前提是，你要敢于直面现实。

虽然女权运动已走过半个多世纪，但是我敢说还有许多的女性在纠结：我是谁？我要成为什么样的人？我应该做什么？女性同胞们不懈努力想要寻找一个可以遵照的标准答案，以帮助更多的女性实现人生的价值。（前提是我们找得到才行）同时根深蒂固的性别观念和传统思想对女性角色的限制与当今的社会环境格格不入，使得女性在实现自我价值的道路上荆棘密布。但是我们不希望自己面对这些难题束手无策，无计可施。

摆在高收入女性面前的问题是，出去工作不仅为了自己，也为其他人（老公，孩子）。那么就没有理由因为自身或家庭原因而减少工作量或者辞职不干。如果因为照顾孩子想暂时减少工作时间，那你要掌握好策略。最好不要马上离开职场，而是策略性地减少工作量，让老公全身心留在职场冲锋陷阵。

女汉子的幸福婚姻

我刚结婚的时候，很喜欢和汉娜这样的女性朋友聊天。她会毫不吝啬地分享自己的家庭生活经验，让我感觉受益匪浅。汉娜 22 年前和一名警官结合，现在有两个十多岁的孩子，一家住在城郊。安娜绝对是个女汉子，在一家金融机构担任高管，薪酬颇丰。她每天上班单程要 1 小时 20 分钟，办公室清一色黑西装，只有她这么一枚妹子。加班是家常便饭，几乎每天工作 12~13 个小时。她的幸福婚姻绝对是打破常规的典范，这样说一点也不为过。

汉娜美满的婚姻印证了“女高男低”的经济家庭也能奏响幸福的乐章。汉娜收入远超老公，现实和社会的压力不言而喻。汉娜也不是生来就能处理好这些烦人琐事，但是她逐渐学会了对现状泰然处之，夫妻生活恩爱，各自拥有自己的独立空间。（在一次采访中，她大方地和老公开玩笑，称自己“就是棵摇钱树”。）

她和老公的生活从始至终保持在同一节奏里。他们两个可谓青梅竹马，高中就相识，大学时相爱，不久就步入婚姻的殿堂。汉娜谈到养家糊口时说：“从第一天开始，我就清楚，赚钱养家的会是我，他会成为我背后的男人。即便他知道我会不断地更换工作，找寻定位，坚持在职场摸爬滚打，他也愿意。”但是，泰德所做的绝不仅仅是老婆换工作的时候，默默打包，妇唱夫随。他还要配合老婆的时间，她在的时候，会和老婆孩子共度亲子时间，老婆不在的时候还能心甘情愿地照看家里。

汉娜挑起家计，必然掌握家中的财政大权。养老、置产、孩子教育资金这些理财规划都由她来安排，对家中的重大开支有绝对的话语权。因为她有理财经验，所以老公将决策权交予她。大家都心知肚明，家中一切财务支出都靠老婆来维持，她有责任保证这条供应链不能断，而且她有相关的从业背景，老婆管钱理所应当。所以，对汉娜来说，对家人的照顾，就是负担好家中的主要生活开支，剩下的零碎开支就由老公泰德来负责。同时意味着，煮饭、打扫、每天下午三点接孩子、检查孩子作业这类事情都不属于她的职责范围。

泰德的职责范围不仅仅是打扫房间、刷盘子洗碗这种事，他还负责一些家庭琐事和体力活。说到男子气概，我们不能忽视泰德是一名警察，一个很光荣的职业，虽然收入不高，却让他（从心底里）

平衡了不少。他不像其他收入较少的男性朋友一样，觉得做“女人活”会有损他们的男子气概，一点也没有。即便有时候，他的警察同事们会调侃他，说他“吃软饭”。汉娜说，他也不会计较，因为他舍不得失去现在所拥有的生活。他舍不得的东西太多了——拉风的摩托车、顶级的商务舱、五星级酒店，从不用发愁没有钱花。汉娜表示：“对此，我很支持，尽量满足。我希望他能享受生活，对生活充满期待。”除了在购置大件物品时，会经常被老婆喊“不行，先等等”之外，泰德有很大的自主权使用他们的借记卡。除非他要买个价值上$500的割草机，那就必须先和老婆商量。汉娜并不认为，这是因为她挣得多，想摆谱。而是就事论事，从家庭实用性考虑，做出最适合的决定。

在采访中，我能感觉到，汉娜给予了老公泰德很多的关爱和自由，维护他男性的自尊。老公让她生活得更轻松，她对此很感激。而老公对她也是疼爱有加。假日的晚宴上，坐在他们对面，看到泰德对她满是崇拜和尊重。他会帮她开门、帮她披上冬衣，这不是秀恩爱，而是向世人展示他们的反传统的幸福婚姻。

汉娜曾多次强调，无论如何要尊重自己的老公。“我告诉自己，孩子们长大成人后，就会离开这里过自己的生活。那时候陪伴自己的只有老公。我们能给孩子的只有陪伴，让他们开心幸福。一旦孩子和父亲意见相左，我会特别地偏向老公，或者把他拉到一旁沟通。”她的这种态度，证明汉娜非常重视夫妻之间的交流。正是这种开诚布公的交流，不隐藏自己的想法，为对方着想，成为他们婚姻制胜的法宝。

一次我问汉娜，如果能回到从前从头来过，给她一次重新选择的机会，她会不会做不一样的选择。她没想多久，就回答："我会让他自力更生一段时间，或者结婚之初，把话说得更加明白，我想要的是什么。他一点都不了解养家的不易和难处。我们还未结婚，他就是家庭煮夫了。"

撇开这点小小的抱怨，我认为汉娜的夫妻生活算得上是成功的典范。她用自己的方式，成为了"婚姻和事业大赢家"。只要夫妻中有一个人从一开始就能理解，未来他们这种夫妻组合会和别人有所不同，经过最初的跌跌撞撞，两人携手一路走来。从结婚、生子到换工作，夫妻二人相处得很融洽，足以证明了不管有多少困难，这种新型的夫妻关系是有可能和谐相处的。

男人和女人一个战壕

2012 年，普林斯顿大学教授安妮·玛丽·斯洛特（Anne-Marie Slaughter）应《大西洋月刊》杂志的约稿，撰写了一篇文章题为《为何女性还无法成为婚姻和事业的胜利者？》。此文引起轩然大波，全国各地女性发表了各种不同看法。有些人表示不同意斯洛特的观点，认为我们没能（同时）获得事业和婚姻的双丰收，是因为社会观念和企业文化明显不利于女性发展。而有些人则抱怨她这是在"自怨自怜，胡说八道"。

玛丽莎·梅耶尔（Marissa Mayers）和雪莉·桑德伯格（Sheryl Sandbergs）这两位女强人也参与其中。她们是名副其实的两位女强人，工作和生活中经历过大风大浪，似乎没有什么困难和挑战可以难倒她们。梅耶尔是雅虎的美女总裁，两周前刚刚产下长子；桑德伯格，已婚，两个孩子的母亲，同时也是全美最成功的女性高管之一。她曾在 2011 年巴纳德学院的毕业典礼上发表了著名的演讲，这也催生了她的畅销书《向前一步》（*Lean In*）的诞生。书中，她鼓励女性要有事业心。（“踩住油门，别松开，保持住。”）不要因为事业和家庭的平衡而忧心分神，特别是当你的老公还不知人在何方的时候。桑德伯格，很自然地强调了，男女都应该去找一个适合的人组成家庭，生儿育女。当代美国著名女权主义者格洛丽亚·斯泰纳姆（Gloria Steinem）对桑德伯格的建议评价道：“她其实想告诉我们，如果男人想要孩子，那说明他们应该有能力抚养。”对此，我个人也深表赞同。

尽管《向前一步》这本书很励志，引发了大量女性的共鸣，但《未完成的革命：新一代如何重塑美国家庭、工作和性别》（*The Unfinished Revolution*）的作者，纽约大学社会学家凯瑟琳·格尔森 (Kathleen Gerson) 提出了一个很重要的问题：事实明明清楚地摆在眼前，在职场和家庭的平衡中，男性扮演很重要的角色，为什么我们还认为平衡职场与家庭是一个女性问题？格尔森经过多年对家庭、工作、多样性的潜心研究，通过了解不同历史阶段中社会文化的转变，最终获得结论：我们不应该将这类讨论停留在男女“天生有别”的层面上。回顾历史，不难发现男人而非女人，一直是家庭的经济支柱，更被认为是孩子最重要的养育者。我们潜意识总是将男女划分开来，在每个群体前，总是喜欢加个“所有”——变成“所有女性”和“所有男性”。而在格尔森看来，这完全没道理。

“虽然男女确实存在差异，”她说，“但这是一种概率性的差异。我并不相信，女性在某些方面就会比男性优秀。我们每个人，不论男女都是单独的个体。关键不在于我们该怎么想，而是我们看重什么。”她强调，如果我们看重的是自己全面发展，家庭和事业能两全其美，那么不管是男性还是女性都会从中受益。女性并不是天生就有什么优势或特质是男性所缺少的。回顾人类历史，当历史的大门为女性敞开的时候（通常都是通过女性自身的努力），我们都坚定不移地前进，取得了很多的成绩。但是挥之不去的成见还是如影随形。同样，男性也面对如此情况。桑德伯格作了一个很好的类比：“单看看那些同性恋家庭，他们已经让我们改变观念。作为人，已经不能靠性别去定义了。这些特质我们都有，而且都有能力去发挥和运用，关键是我们怎么去运用。”

我完全同意格尔森的观点：关键是我们看重什么，应该抛开刻板的性别成见。其实，当我们看到越来越多的夫妻在探讨他们的角色分工，比如在女性势力的崛起下，谁的工作比较重要，我们改变原有思维，显得尤为重要。2012 年，美国的双薪家庭已经占到了 59%，这意味着，男人应该以事业为重或者说男人可以牺牲与家人共处的时间去赚钱的观点，不再被看作理所当然的事情。

2000 年，美国拉德克利夫公共政策中心进行了一项民意调查，调查对象为 20 岁的年轻男女，统计有多少人愿意降低工资，增加与家人相处的时间。有 71% 的男性表示愿意，而女性比例只有 63%。此后，出现了诸多类似调查，很多都是来自于皮尤研究中心，证明这确实是一种趋势。所以，男性其实很早就表达了希望老婆接替他们养家的角色，自己多尽父亲职责的这种愿望，比我们所认为的要早很多。美国纽约州立大学石溪分校社会学教授迈克尔·金梅尔（Michael Kimmel），曾为一些公司在性别平等议题方面做咨询工作。他发现，拥有事业心的男性，和女性一样面临同样的挑战。

“平衡事业和家庭”一直以来都被习惯性地列为女性议题，甚至说是职场妈妈特有的一个问题，此时我的眼前浮现出一位身着职业套装，头发稍显凌乱的女性。一手抱着咿呀学语的婴儿，一手夹着笔记本电脑、公文包，还提着篮子。有趣的是，一些研究证明男性比女性更纠结家庭和事业的时间分配，而且男性想要平衡两者的愿望更强烈。

2013 年 3 月，皮尤研究中心针对年轻父母做了一项调查，发现少于一半的夫妻勉强算是“事业、家庭双赢”型。50% 的职场爸爸和 56% 的职场妈妈认为，家庭和事业平衡起来“非常”或者“有些”困难。而有 48% 的职场爸爸和 52% 的职场妈妈觉得，要不是生活所迫，他们宁愿在家带孩子。而五年前美国家庭与工作协会的调查数据更为惊人。调查发现，双收入家庭中，有 60% 的男性为平衡家庭和工作而苦恼，而只有 47% 的女性面临同样的问题（比三十年前的 35% 有所上升）。

2013 年商务社交网络邻客音（LinkedIn）和花旗（Citi）合作进行的最新调查中，受访的专业人士达一千多名。针对“平衡家庭和事业的关系”这个议题，调查发现，79% 的男性认为，只有家庭事业同时兼顾，才能拥有“牢固、幸福的婚姻生活”。但是，持同样观点的女性只有 66%。我惊讶的是，这项小型研究表明，相比女性而言，男性认为没有孩子就算不上是成功的人生。86% 的男性认为，有自己的孩子是“家庭、事业双丰收”不可或缺的一部分。而持同样观点的女性只有73%。但是对大多数女性来说，“家庭、事业双丰收”仍然意味着锦绣前程，儿女相伴，感情幸福或者说婚姻幸福。过半数的男女重视平衡家庭和事业，这一点都不奇怪，但男性（50%）比女性（48%）重视这个问题的比例稍微多一点。

男性想要平衡家庭和事业的愿望似乎令人费解，仔细思考就会发现女性在很早之前，就开始在这条道路上求索。最早“兼顾事业、家庭”和“家庭、事业双赢”的提法，就来自女权主义者们。而如今，家庭和事业平衡的问题开始成为两性共同关注的话题，并且持续发酵。面对男性和女性社会角色的转换，职场缺乏相应的福利保障，以及政府鼓励生育的措施，让那些面临“非此即彼”选择题的男性也参与到了这个话题的讨论中来。而女性很早之前就开始努力摆平这档事了。想要实现“平衡”的梦想，不管它到底意味着什么，男性同胞需要像女性一样做出牺牲。

如今爸爸和孩子们相处的时间比起他们的祖辈要多三倍，这是可喜可贺的变化。但可悲的是，企业和老板们并没有意识到这种转变，更没打算适应这种变化。用格尔森的话说：“社会对男性的认知观念，没有任何相对应的改变。从这个意义上说，性别革命的确是停滞不前。”可以说男性还陷在一个两难的境地。一方面，仍旧背负着社会期待，要成为一名家庭供养者。一旦他做不到，就会被认为是“loser”。另一方面，他们自身渴望和妻子孩子有更多的时间相处。所以，对男性来说，接下来的革命之路可谓是荆棘丛生。

企业向来都是利欲熏心，为了获得更多的利益，迫使员工努力再努力。男性为了养家糊口，创造更牢固的物质基础，让婚姻更幸福，让孩子接受更好的教育，只好加班加点。因此，男人逐渐形成一种错误认识，觉得“想要实现那些目标，我能有什么办法，只能以工作为重，家庭琐事全都扔给另一半”。其实就是这些文化观念、社会舆论压力和工作压力阻碍他们去寻求一种更平等的男女关系。

格尔森的研究表明，全美不同族裔、阶层、家庭背景的18~30岁的青年人中，有80%的女性和70%的男性希望婚姻关系保持平等。所谓“平等”就是指夫妻双方，在各个方面所履行的义务相当，包括家庭收入、家务分担、孩子的教育等各个方面。而实际上，全面的平等很不现实。用桑德伯格的话来总结，家庭和工作都是“吸血鬼”。它们需要占用我们大量的时间和精力。

许多的夫妻发现，一旦有了孩子，夫妻双方不可能两者都兼顾。通常需要一个人牺牲事业，做出让步来照顾孩子。而这个人，过去往往是女性。而如今，这种退让策略（爸爸工作，妈妈顾家）在强悍的职场女人身上已然行不通。那些夫妻关系和谐（生活、工作兼顾）的家庭，不见得就很享受当下或者觉得自己是“一枝独秀”。他们常常觉得自己像是逆流而上的鲑鱼。他们确实在努力，但是却没有获得多少社会和企业机构的支持和帮助。在革命的道路上，还需要我们去努力争取改善这一切。

斯蒂芬·马尔凯（Stephen Marche）是《大西洋月刊》撰稿人，他的家庭属于典型的“男主内，女主外”。他在文中写道，要想实现家庭与事业双赢局面，前提是让男性同胞们认识到改变性别观念的重要性，还要勇敢呼吁，为女性申请带薪产假的权利。事实上老板通常都更愿接受男雇员的意见——虽然听起来很可悲，却是事实。用他的话来说：“如果家庭问题全抛给女性，就会被误认为这是单个利益群体的诉求，而不是全社会的问题。”

他接着通过比较来论证了这个观点：同性恋主义者刚开始也是作为受压迫的少数族群争取他们的权益，后来为了建立合法家庭而斗争起来的。他们最终取得了成功，还争取到了政治利益。马尔凯说得对："反女权主义者很有市场。要让那些全日托和探亲假的反对者原形毕露，不要将矛头对准工薪家庭。不要理会他们宣扬的那些东西。"

向前一步是幸福

不管你是响应格尔森的号召，从更广泛的社会层面来行动，还是遵循桑德伯格的教义，从女性个人层面出发。不管你是不是在努力成为"事业、家庭的大赢家"，值得高兴的是，随着挑大梁的"女汉子"越来越多，我们有能力争取机会来书写自己的"童话"。

我们不仅可以改变那些陈旧落伍的观点，还能扭转集体的话语论调。我想，如果我们重新定义两性在婚姻和家庭的关系，重新思考什么是"家庭供养者"，夫妻关系中什么是"女性角色或男性角色"，大家都不会有异议。我们还必须将"女性和金钱"的讨论转化为家庭和金钱的讨论才对。

女同胞和男同胞们，我们需要携手改写规则，才能共创一个美好的未来。

请不要再聆听母亲曾经的生活经验，不要在意前辈的批评和指责。那些语言已变成陈词滥调，早已过时。谁说女人只能在家当贤妻良母，谁说女人就不能比男人挣得多，谁说女人就该遵循那些三从四德。现在我们手里的钱包鼓鼓，我们拥有话语权。我们仍然会续写王子公主的童话故事，不过这一次由我们自己来讲述，幸福的生活建立在新型的夫妻经济关系上。

我们在描绘宏伟蓝图时，需要谨记在心的是，每个人都是独立的个体，夫妻都有各自不同的期待。有人希望颠覆传统的家庭模式；有人则是小鸟依人型，希望被人照顾；还有些人，即便承认女性经济能力大大提升，还是安于传统的主妇角色。有些人可能不介意家里跟狗窝一样乱糟糟，老公豁免不用打扫清理。而有些人很注重保持一个干净整洁的家。引述我朋友的一句话：“上过大学，能管理12个部下，能完成老板指令的男人，就能自己把衣服和袜子放进洗衣机。”有些女性竭尽所能希望获得平等的夫妻关系。虽然自己要付出巨大的艰辛才能获得足够的薪酬贴补家用，也不会给男方过多的压力，只需他尽到本分就好。几乎没有女性愿意嫁个花瓶男。但如果他连本分都不做，那你也有理由不去做，只是夫妻关系走到何种境地，就可想而知了。

如果你的企图心很强，想要衣食无忧，在家当阔太太，那么面对独自在职场打拼的丈夫，你恐怕要做出很多让步了。如果你老公自尊心很强但事业平平，而你事业有成，会让他备受打击，你该如何维系这段婚姻？（权威机构——美国心理研究学会曾有一篇报道称，许多的男性面对事业有成的妻子，不会引以为荣，反倒自尊心受挫。报道中，来自美国佛罗里达州立大学和弗吉尼亚大学的研究团队公布的最新研究结果表明，虽然夫妻二人没有正面的收入竞争，但丈夫在事业上败下阵来，自尊心会备受打击。而且面对未来夫妻关系的发展，会表现得很消极！）看看米歇尔和卡门的经历，还有众多家庭出轨的案例，的确发人深省。新型家庭经济关系的出现，总是会伴随一系列夫妻关系的阵痛。

现如今年轻人都不再热衷于正儿八经地经营一段感情。2013年，《纽约时报》(*New York Times*) 报道，时下名牌大学里那些“激情四射，事业心强的女生”正引领一种叫“勾搭文化”的潮流。给大家普及一下：所谓勾搭，通常指没有感情投入，短暂而迅速的性关系（或者也可以指一些性交以外的亲密行为和性行为）。坦白说，看到当下年轻女性（也包括当年的我）热衷于这种勾搭文化，却不愿去发展一段正当男女恋情，感到很悲哀。真爱不会从天而降。

如果女生怕事业受阻，迟迟不愿发展一段正常的恋爱关系，等事业有成再论感情的话，估计得到40岁了。那时候，女人都已经是高龄产妇，更年期马上就要来临。真要是到那天，怕是追悔莫及，后悔大好的青春年华，只记得拿好分数，找好工作，忘了找老公。

苏珊·巴顿（Susan Patton）给《今日普林斯顿人》（*Daily Princetonian*）的致信中，有一些建议是值得借鉴的。这位普林斯顿的校友，已为人母。在信中，她毫不讳言地说道：“嫁的男人好不好，关乎你的未来和幸福。在大学期间是你寻找另一半的最佳时机，以后再也不会有这么充足的时间。”此言论一出，有些人可能会嗤之以鼻。但是，过去女性上大学不就是为了钓个金龟婿吗？她的谏言不是没有可取之处。《男性时代的终结》(*The End of Men*) 的作者汉娜·罗森（Hanna Rosin）认为，现代女性不想费心经营一段稳定的感情，热衷于寻找一夜情，这是一种“权宜之计”。但依我之见，长期来看，这种行为会产生不良影响，会让人追悔莫及。

我自小家教很严，父母严禁我出去约会。以至于我差点连高中毕业舞会都没能参加。因为父母对美国的这些毕业仪式很是不屑，认为年轻女孩去了只会被那些坏小子扑倒，搞大肚子。好像在父母心里，哪天我去买咖啡或逛超市的时候，我的白马王子就会与我不期而遇。大学时，母亲一直督促我要抓紧学业，生怕我因为感情分心，忘记上学的初衷，耽误学业。我也从不敢跟她提交男朋友的事。似乎跟父母说自己有男朋友，是一件很羞愧的事情。幸运的是我在学校里找到了真爱，嫁了一个好的男人，让我自己都觉得不可思议。

说起这件事，可能大家会觉得有点太狗血了。记得我 26 岁生日那天，坐在纽约一个公园的长凳上发呆。妈妈打电话来，祝我生日快乐，告诉我今天是“灵修日”，许愿会很灵。我就坐在长凳上，许愿老天爷能送给我个白马王子。

前几年，其实也谈过几次恋爱，不过都是过眼云烟。几个月后，阔别多年的蒂姆联系我。难道是巧合吗？我猜想，还是有些运气在里头。但不是每个女孩都能靠运气遇上对的那个人。爱情和事业一样需要经营，需要投入时间和精力。除非你从没想过要认真地谈一段恋爱，更别提去结婚生孩子了。

婚姻幸福是彼此活着的理由

虽说婚姻不是万能药，但是不能否认，一段幸福美满的婚姻关系能让你提升自我，增强斗志，为美好的生活不懈奋斗。婚姻家庭治疗师、社会哲学家迈克尔·格里安（Michael Gurian）提醒我们，婚姻除了是搭伙过日子，让两个人相守之外，夫妻可以互相扶持实现各自的人生目标。很多夫妻不懂得欣赏对方，费尽心思想改变另一半，导致互相看不顺眼（去外面找外遇）。

我们总是习惯把婚姻和浪漫联系到一起，事实上婚姻的初衷并不是如此。几个世纪以来，婚姻就是一个男女互助生存的社会单位。如今，我们把它看作帮助彼此寻找活着的理由。养家的“女汉子”们在处理夫妻关系的时候，要本着这个初衷。不管对方的收入如何，在享受成功的时候，记得军功章有我的一半也有你的一半。

格里安还鼓励大家设定家庭阶段性的目标，因为不同阶段所面临的挑战不同，将目标具体化，才能未雨绸缪，处变不惊。前面也曾提到，一个20多岁的妙龄女子和一个已步入不惑之年的少妇不管是想法和行为都存在巨大差异。

艾玛·约翰逊（Emma Johnson）是WealthySingle Mommy.com网站的博客写手，离异，现单身待认领。经历家庭破碎的噩梦后，她提出了一个很有创意的想法：立定一个“夫妻十年之约”，将家庭目标罗列出来，每十年更新（变动）一次。理由是，多项研究发现，沟通不畅是多数人离婚的元凶（也是许多女主外，男主内的家庭瓦解的元凶）。“让大家关注婚姻的前景，让越来越多人参与到讨论中来，就会让两性关系受益，”约翰逊表示，“那些浑浑度日的婚姻关系已一去不复返，那种坐等时间流逝，任由两人关系随意发展的婚姻关系只会遭到淘汰。”

斯坦福大学研究员、两性关系的高级专家亚当·吉拉德（Adam Gilad），曾提出了类似的观点。他倡议，制定“两性关系的宪章”。

宪章以“为什么”一词为开头起草。他具体解释道：“为什么人要许诺相知相守，一般人都不会反思。他们只是满怀憧憬地一头扎进去。”他还建议，不要感情用事，要以行动来证明。“人做过最愚蠢的一件事，就是结婚的时候说什么‘我起誓，此生都会如一’，这样说是很愚蠢的。我们要不断地增进双方情感，为了健康幸福的生活，做好自己的本分，付出行动。”

吉拉德宪章的精髓就是要让宪章与时俱进，反映当下，不断地修改。而修改的频率相比格里安倡议的婚姻合约要更频繁。吉拉德说：“计划需要不断地修改，这很关键。每六个月看一遍，是不是有利于当前夫妻关系的发展？答案如果是‘否’，应该如何修改？千万不要停留在‘嗯，你三年前就是这么说的……！那就得遵守’。”

婚姻家庭治疗师迈克尔·格里安（Michael Gurian）在给婚姻陷入危机的夫妻做咨询时，他首先会请夫妻两人将各自的烦恼都写下来。还会让他们列两张清单，一张逐项列出他或她为挽救这段婚姻关系能做的事情，另一张则逐项列出他或她应该为自己做的事情。然后，格里安会告诉他们婚姻关系失衡的症结在哪里。想要将两性关系提升到新的高度，不妨试一试，这个练习很管用。后面，格里安教授会向我们说明为什么男性需要有更多的付出。这和家务劳动没什么关系。他坚称：“平等不是权利的博弈。”

人与人相处关键在于沟通与交流。在女性收入占优势的两性关系中，沟通尤为重要。通过对数据的深入研究，以及与众多夫妻的访谈，获得的信息很明确：如果夫妻之间沟通顺畅，对家庭关系的稳定发展大有益处，可以避免家庭破裂的悲剧发生，不让彼此满怀怨恨地离开。

单身女性的第一次约会

走在漫漫寻爱之路上的单身女士们（尽管苦苦在追寻，可能还不得其法），请听我说。我能理解一个经济独立的女性要找到她的真命天子有多难。成功女人的标签，往往会让许多男人望而生畏，特别是那些完全不需要男人经济支持的女人们。

切尔西（Chelsea）就是一位经济超级独立，而这种独立足够阻碍她找老公的一个典型例子。如今，45 岁的她靠自己读完了硕士学位，在多伦多一家电视台担任电视制作人及编剧，收入高达六位数，还有一套房子，贷款预计五年还清。最近的一次约会给了她当头棒喝，对方觉得她根本不需要男人，就能来养家糊口，这让男方很纠结。依我之见，只要是有类似想法的男生都不适合她，他们肯定走不长远。男方的理由也让我们看到，很多男性还是比较传统的。这一点，任何一位经济独立的女性不得不防。

切尔西说道："有意思的是恋爱时期都很顺利，男人都喜欢你独立自主，有自己的事业，有自己的朋友圈，有事情可以忙活。他们会觉得这段关系还很不错，因为你不会很黏人。随着两人关系的确定，他希望你多一些时间来陪他，可是你的时间都花在办公室了。他希望为你提供经济支持，你的收入反倒可以贴补他。原本的那些优点，一下子变成了缺点，问题就在这儿。"

43 岁的梅拉妮·诺特金 (Melanie Notkin) 和切尔西一样，有着类似的烦恼。有所不同的是，她的烦恼反映了40多岁女人的另一种困境。梅拉妮是位成功的单身女性，国际知名网站SawyAuntie.com的创始人，此网站为无子女的女性提供一个线上交流的平台。梅拉妮同时出版了《别样人生》(*Otherhood*)一书，关注“(她们)这一代无私的爱”。此书是一本访谈录，几十位男女分享了他们为爱追寻却无果的故事。对于单身女性来说，特别是到了四十岁还没有结婚生子，会特别想被人爱，特别想体验当妈妈的感觉。

来自美国疾病控制与预防中心(Centers for Disease Control and Prevention)的报告称，40~44岁的女性中，有将近20%的女性选择不要孩子。虽说这其中的原因各异，但是，看到有10%的人来自高收入人群不禁让我感叹，事业的成功反而成了爱情路上的绊脚石，以至于四十多岁还待字闺中。一方面，越来越多的女性，在四十多岁还没遇到对的那个人，便会选择其他的途径成为母亲；另一方面，现在许多经济独立的年轻女性在对待孩子这件事情上一副顺其自然的态度，导致年过半百膝下无子。一个周日的下午，我和梅拉妮相约，一边喝着鸡尾酒，一边听她分享她对恋爱、对男人的一些见解。她认为现在的女性不应该“太挑剔”，应该要放低她们的择偶标准。

正是梅拉妮这种对待人生的不同态度，才会想到为无子女的女性同胞建立起“Auntourage”这么一个多元化的大型交流平台。(在美国，大约有2300万的女性没有孩子，她们的平均年龄为36岁。其中有多半人没有婚姻经历，34%的人年薪达5万美元或以上。)其实，作为一个单身的没有孩子的女性，一路走来并不容易。她在书中以及刊载在《赫芬顿邮报》的文章中都提到，30多岁的时候，既没有老公又没有孩子，“周围开始对我这个老女人投来异样的眼光”。许多男性和一些有发展机会的男性都告诉她，她已经过了女人恋爱的黄金年龄，现在不妨考虑冷冻卵子。

这些经历对梅拉妮的触动很大。我们谈到，这些三四十岁的女性一定程度上是一批幸运儿，她们不会因为想找个经济依靠，就随随便便地嫁人。经济独立的女汉子们，有更多的资本去找寻真爱。可是一旦决定单独生活，往往会影响到她决定要不要小孩。现如今，已经 42 岁的梅拉妮心态调整得很好，决定不生孩子了。对此，她表示不会后悔。

我问梅拉妮，一位事业成功的单身女性如何找到白马王子。她告诉我，即便事业型女人认为自己找到了一位包容她、支持她事业发展的男性，也未必会成功。据她了解，人们有一种误区，认为收入较高的女性找年纪大一点的男士比较合适。但实际上，年纪较大的男性通常比较传统。她认为，男人特别是“大叔男”，更希望自己被人仰望，被人崇拜。撇开收入不谈，我们要做出更多的让步，以防伤及他们男性的自尊。

梅拉妮还认为，先不论哪个年龄层的男性，普遍来说，男性都喜欢去量化他们的工作。如果他和女方挣得一样多，或者比女方挣得还少，恐怕会让很多男性难以接受。这就是为什么当女性和一位收入低于她的男性约会或相恋，不管他多大，都该注意不要将收入看作是一个优势。梅拉妮现在钟情于企业家，对年龄没有太多要求。“如果一个男人愿意冒险尝试，不受别人影响，即便是没有经济收入，比起那些有稳定工作，却不乐意接受挑战的男人都要有魅力得多。”

如果你考虑要孩子，不管是自己生还是领养，都需要跟那位陪你走完一生的伴侣开诚布公地讨论这个问题。别不好意思。不要提前设定自己就应该做出让步。找到对的人往往还不够，你还得找到一位愿意要孩子的意中人（这非常重要）。我了解，女人有些时候为了赢得对方的欢心，愿意做出一些原则上的调整。就像是工作一样，想要加薪、更好的福利待遇、想要坐第一把交椅，即便无法如愿还是欣然接受这份工作。

就拿我朋友劳伦来说，她和男朋友相处了 7 年，现在被男友说服两人不结婚。因为男友不相信一纸婚书。她朋友邀请他们参加婚礼也遭到他的断然拒绝。她还相信男友说的不要“交换礼物”。为什么呢？因为他不认为，送人礼物是爱的表达。“但是他会愿意为我去死！”劳伦迫不及待地说道。但是我认为，爱情不能代表一切。虽说有男朋友的“爱”，她看起来很稳定。但我敢肯定，男友的固执明显令她不舒服，在很多的方面，男友忽视了她的感受。

不要贪图安逸

梅拉妮说，通过在工作中与众多高收入女性接触，发现一件重要的事情，就是千万不要求安定，千万不要为了对方而牺牲自己。她遇到许多的女性，当年放弃锦绣前程，就是为了留住对方的心，生怕自己的成功让男人望而却步，生怕自己的事业让男人倍感压力。时至今日，却悔恨不已。更可悲的是，等待她们的却不是期待中的幸福生活。如果她们当初不放弃自己的事业，现在不管是在事业上还是经济上的状况都要好很多。

但是，梅拉妮并不愿倡导女人应该“向前一步”。她认为这会给女性传递错误的信息，会鼓励她们在职场上像男人一样去打拼。她对我说：“‘向前一步’这个口号感觉很男性化，而‘退后一步’的提法比较柔和，女性化一些。”她平静地坐在沙发上，一副“退后一步”的姿态，看着我的眼睛，似乎在说：“我很放松，很自信，我在倾听。”

在她看来，整个社会对女性的期待是自相矛盾的。一方面，期望女性积极上进，薪水可观，能自立自强；另一方面，又期望女性能结婚生子，做个贤妻良母。所以，女性承受了很多压力。但是一想到那些敢于做自己的女性，虽然没有获得传统意义上的幸福，但她们从亲人、朋友、同事那里依旧可以获得温暖支持，让自己幸福起来。

所以我想说，要是你不想结婚生子，愿意独善其身，自由自在地生活，就不要把“等有人能和我门当户对”的论调挂在嘴边。（常常会听到许多单身女性说这句话）通常都会让人觉得你想找一个和你一样事业心强，且一样成功的男性。要是这样，恐怕你只能永远独守空闺了。所以，建议女人将“门当户对”的观念改一改。两性关系导师，玛尼·巴蒂斯塔（Marni Battista）曾创办约会网站Dating with Dignity.com。她认为：“如果一个男人挣得不多，也没你成功，但是他热爱所从事的事业，全心投入。这样的人更适合成功女性。比起其他人，更能给职场成功女性带来幸福的家庭生活。”

我在采访过程中，也遇到很多和梅拉妮·诺特金(Melanie Notkin)一样，对“向前一步”的理念不感冒的人。但我认为，因为个人对此观点的定义不同，才会导致有人支持，有人反对。我不认为，桑德伯格就是绝对倡导女性要更加激进，更男性化。撇开语义上的差异，现如今有一点是值得肯定的，就是男女角色的大逆转，让我们有资本怀抱“天真和美好”的憧憬。

桑德伯格说得对，她们那一代生长在为女性争取平等权利的年代：“要兼顾事业和家庭比我们想象中更艰难。在事业上最需要投入精力和时间的时候，恰是要生育的年龄。那时，父母既不能帮我们做家务也没法帮忙照看孩子，感觉自己就像在打两份工，而且都是全职工作。而职场又没能给女性提供更多工作上的机动性，帮助她们做好家庭工作。一切都来得气势汹汹，让我们有点招架不住。”

学会应对各种意外，“兵来将挡，水来土掩”是现代女性的必备技能。高收入女性散发出来的那种强大气场，无形中总是会影响日常生活。不管她们是否已婚，年龄、文化背景、职业、社会地位如何，都会面临这样的问题：在追寻事业成功和家庭双赢的道路上，有没有可依循的准则？像我们这样的女性，怎样才能冲破阻碍，获得事业和家庭的双丰收呢？如果我们坚持走自己的路，书写自己的传奇，面对突如其来的艰难险阻，怎样才能应付自如？还有职场辣妈们，拖儿带女，面对两性关系的顽疾，该如何来解决呢？

答案是，如果你还没有勇气书写自己的传奇，请立刻行动起来。请在以后的生活中采纳下面的八条金玉良言。如果前两条建议你能欣然接受——坦然面对现实，接受另一种生活方式，那么你可以开始行动了。请全心投入吧。

一开始就开诚布公

如果你和你的“他”已经确立关系，那么他势必会意识到你们双方的收入差距。但是，在这里我想先针对那些在热恋中不知道怎么和对方摊牌、谈论收入问题的女性来谈一谈。恋爱甜蜜期的女生们，请耐心读下去，这部分是专为你们而论。

第一次和心仪的男生约会，如果你就有所隐瞒，那你是自找麻烦。想想不久的将来两个人即将步入婚姻的殿堂，结成连理。可是刚开始约会时，女生却刻意隐瞒自己的职业，一直都表现得很谦虚，坚称自己收入很一般。（顺便说一句，一个男同事提示说我20多岁的时候和几位温柔的男士约会时，就是这副德行，最后都不了了之。这就是前车之鉴。）一两个月后，他们正式确立关系，因为女生之前刻意隐瞒真实收入，后来便很难跟男方吐露真相，报告自己的身家。

最后男方偶然中知道了真相，心里肯定满是怨气。他觉得：“收入的事可以隐瞒，但还有多少事是我不知道的？”一开始两人的关系就没有建立在牢靠的基础上。男方不仅会觉得自己被欺骗，而且会丧失自信，觉得羞愧。为什么呢？可能有两个原因：一种是原以为自己比女方收入高；另一种可能觉得是不是女方对他没信心，所以不愿意如实相告。很显然，这么做会让人心里很不是滋味，让人很受伤，心生妒恨，感觉自己被欺骗。显然这就是沟通失利。

你要做的事，只是将你的收入如实相告，不要有任何保留。千万不要刻意报低自己的收入。我知道许多女人会耍这个小聪明，事实上这是一个低级错误。知名的房产经纪人，全国广播公司（NBC）《今日秀》的供稿人芭芭拉·科克伦（Barbara Corcoran）第一年的纯收入就比老公高，她便假装是算错了。她曾在《纽约杂志》的一篇专题中说道："到了第三年，我的收入是老公的五倍。很明显，这个问题不容再回避。"

当我和蒂姆刚开始约会，在一个夏日的午后，我们喝着玛格丽特，相互坦白了自己的年收入。一开始我就把工资的数额坦诚相告，没提自己还有一笔可观的稿费。蒂姆问道："那你的收入包含稿费和年终奖吗？"

我有点慌乱地回答："啊，包括了……呵呵……"幸好他没注意到我的脸红了。后来我才明白这样遮遮掩掩的回答有多么愚蠢。要是他发现我有一点点的不诚实，会让他觉得我这个人既没诚信又没节操。我不希望因为收入问题让两人产生隔阂。而这种小伎俩或"谎言"只会适得其反。

心理学家布拉德·克朗茨（Brad Klontz）认为："女性可能习惯于在男人面前自我贬低身价……因为她们总是觉得太坦白会影响两人的关系……要是知道了真相，对方会吓跑。"我那时的想法就是，要是承认我的收入比他高，会伤害他的自尊。想着以后说不定会找一个挣得比他多的人。其实不管什么关系，这种想法都要不得。两人相处，又不是收入竞赛。

的确，我（或许你们也一样）天性好强，但我从没想过要去和老公一较高低。我们可以忽略自己挣的是钱，只是把它当成企业或公司给你的一种回报。钱挣得多不代表你的工作更有价值；不代表你就比老公更聪明；不代表你可以颐指气使；也不代表你接受的教育更好，事业心更强，技能更高。钱就是钱，不能代表什么。一名神经外科医生肯定要比一位幼儿园的教师收入高，但是职业不能以金钱为标准来分一个高低贵贱。一开始，就开诚布公地告知对方自己的收入，然后试探他的反应，看看他接受起来有没有困难。

趁你们还没纠缠不清的时候，早点知道他的态度不是更好吗？听到你俩的收入差距，他可能一时间会接受不了。不过收入的问题是颗地雷，迟早会爆炸。我的一位朋友是位美丽动人、事业有成的电视女主播。她谈到当年还是一名新闻记者的时候和一名机修工恋爱的经历。她当时收入比男方高，零负债。很赞吧？错了。“他很难接受，总是说自己是个有资产的人，虽然这个资产是负的。而你什么都没有。”为了维护男性的自尊，男方总是强调自己有一栋房子。尽管他总是贬低她，她还是跟他处了两年，最终发现在这个男人眼中她是一文不值。她承认：“自己竟然会和一个不懂得欣赏我的专业和价值的人在一起。”“现在，我会时刻提醒自己要开创自己的一片事业天地。为此，我正在努力。”

注意底线。第一次约会不要吹嘘自己的工作多么高大上，谈到自己的那点小成就停不下来。谈论的话题围绕的全是工作，没完没了地讲自己怎么升职的，是很不明智的做法。（男性也一样哦！）不要撒谎或者刻意隐瞒。其实女人除了工作，还可以给对方展现你温柔的另一面，可以谈谈你的童年、兴趣爱好，聊聊旅游。有时候需要先让男人慢慢地了解你，再向他坦白你的收入。注意把握好节奏！

如果双方谈到收入的话题，应该秉持敞开心扉、彼此尊重的态度。女方收入高过男性使得双方关系遇阻，一旦产生隔阂，处理要宜早不宜迟。隐瞒收入的时间越长，后面就越难跟对方解释。

下面再给你一些建议：如果你是个收入不菲的单身妈妈，想试试网上交友，可以考虑公开你的收入。当然，要谨慎行事，不是每个人都适合这么做。但是，如果只是让大家知道你大概的收入，不会在行业和同事中对你造成什么影响，这么做或许能帮到你。到时，等待你的就是温馨浪漫的约会。

艾玛·约翰逊（Emma Johnson），这位第一个倡导十年婚约的女人，一直没找到让她怦然心动的男士，后来就在网上公布了自己的收入。当她一公布自己六位数的年薪，就开始有条件不错的男士联络她。“我是一位单身妈妈兼自由作家，”她跟我说道，“如果这听起来还不穷的话，我不知道什么该叫穷。和我约会的那些离异男士就喜欢我经济独立，因为他们厌倦了前妻待在家里，厌倦了赚奶粉钱。在他们看来，那些女人太懒了。他们想让妻子找个工作，不想让她们待在家中虚度时光。”

他不是我的菜

对于高薪女性来说，有三个迹象可以表明他不是你的 Mr Right。

冷嘲热讽。艾琳·加洛（Eileen Gallo）是一名心理治疗师，目前和老公乔恩·加洛（Jon Gallo）在洛杉矶开了一家诊所。在和她的访谈中，她提到在恋爱初期，如果男方对你的生活方式、工资收入和兴趣爱好一直言辞讥讽，那女性应该警惕。她说：“如果你穿了条新裙子，他总要惦记花了多少钱，叨叨没完没了，哎呀！那你可得注意了。”

约会指导专家玛尼·巴蒂斯塔（Marni Battista）与男士第一次约会的时候，都会特地让约会对象去她洛杉矶的大豪宅接她，看看对方看到她的豪宅会有什么反应，以此来判断对方对她经济收入的态度。她对我说：“我记得有一次，有个男生来接我，他走进房间……‘哇，这房子真漂亮！不过要我贷款花钱装修这么个房子，我可不干！’如果对方要真这么说，那他肯定不自信，没有安全感。”

缺乏尊重。男方有没有瞧不起你的衣着、职业、爱好？卡门记得她和大卫第一次约会的时候，谈到自己梦想成为一名演员。“他说：‘啊，那不错呀！那应该算是业余爱好吧？’我回答道：‘不是，我可是靠这个吃饭了。’”

无端指责。虽然你收入丰厚，但是没有豪车，又不置产，对方（收入没你高）却不断地提醒你，他可是有很多“资产”的人（车子、房子、大彩电等），这是一个很明显的征兆，证明你们不合适。毕竟，你的收入比起他那点小玩具和银行负资产可是一笔大资产。

他是不是“上进男”

已婚女性读到这里，心里恐怕会犯嘀咕自己是不是找对了人？一位工作努力上进的女性在网上吐露了她的心声。她也同样在问自己这个问题，大概是这么说的：“我一直努力说服他出去重新找份工作，可他呢，晚上玩游戏到半夜，早上从没做过早餐。我付出的努力比他远远要多，但我介意的并不是这个。通常，我一周要工作60个小时，已经受够了。好像每天只有我一个人在着急忙活地生活！一年多的时间里，他要么失业在家；要么三天打鱼两天晒网；要么因为很低级的错误被开除，一直就是这样在打转转。看到他这样，我开始为自己感到不值。我为了两人在一起，让他从其他州搬来和我一起住，负债累累，他竟然懒得起床，不肯出去找工作？我很爱他，但现在觉得自己是个冤大头，心里一肚子的火，气得都快七窍生烟了。”

其实这个案例给养家女性提出了一个很好的问题：你认为什么叫作积极上进？可能有些人能接受老公来带小孩，做兼职工作就行。而有些人可能接受不了。总归一句话，这都是钱惹的祸。全是因为我们的价值观差异，因为我们对诚信、上进心的看法有所不同，出发点和目的不一样。

大多数女性会觉得一旦男人收入比你低，立即就会感觉他少了男子汉的担当，会把他和“没出息”“懒惰”“不上进”这些词语联系起来。女人对男人还是有蛮高期待的。

迈克尔·格里安除了会让前来咨询的夫妻将感情的烦恼写下来与对方分享外，还建议双方相处中注意“恶语相向”这个问题。他认为，已婚妇女尤其应该了解这个问题，如果对方犯错了，应该好言相劝，不要因为芝麻绿豆大的事闹到最后以离婚收场。格里安表示，一般情况下，一方会很生气，可他并没有意识到，自己埋怨的态度很可能影响自己的判断，导致刻薄地对待对方。如果你能及时发现和意识到这一点，两人可以避免产生言语冲突（“恶语相向”），这样才能解决问题，引导你们的关系朝好的方向发展。

在咨询当中，格里安还经常运用的一个概念就是“被需要”，以上我也曾提到过。很多女强男弱的搭配中，男生觉得自己没有价值，不被需要。而且，也常常不能将自己的真实想法表达出来。用格里安的话来说：“虽然女生会希望对方坦率表达感受，但她的表现让对方觉得自己很没用，或者无形中对男方越来越刻薄。这是一件很致命的事情。估计轮到谁头上都会受不了。”

格里安又谈到，如果男生觉得自己不被需要，他会觉得很没面子，很自责……这是问题的核心。所以，你可以从这个问题开始着手：到底谁感觉自己有价值，而谁感觉自己不被需要？想要让你们的关系步入正轨，这是一个很有益的思考。下一个阶段再做一些更实际的工作，像格里安所要求的那样：把自己能够做的事情，希望对方做的事情，自己的需求又是哪些，一项项地罗列出来。看看分歧和差距在哪里，一起寻找解决的办法。解决的方案可能各式各样，比如说，找第三方来做家务，让他来支付年税（只是逻辑上假设一下），然后你来支付基本的开支。这样能改变双方的说话方式，续写你们的传奇。

友情提示：冰冻三尺非一日之寒。格里安提醒道，这是一个长期而艰巨的任务。夫妻双方可能需要一年的时间，才会敞开心扉，破除心中的坚冰。可能需要大概一年的时间，才能在各方面做好准备解决这些根深蒂固的担忧、烦恼和成见。

每个人的童话故事都是独特的，没有可比性。关键是在书写你自己的童话时，考虑自身的情况，跟随自己的心意，做自己就好。这样，反而会给对方传递一种正面的信息，让他跟从你的期待、需要和想法，积极地推进你们的关系。当然，从传统意义上来说，他的改变算得上是一种革命。请记住，童话，顾名思义，是虚构的、充满幻想的。这就是为什么我们在书写自己的童话传奇时，需要有自己的风格。我们的故事必须是能反映我们在新的家庭经济模式中，所作的积极探索与开拓。只要愿意破旧立新，一切皆有可能。

最后，扪心自问：他是不是努力上进的蓝筹股？想清楚，会让你诚实地做出回答，你就知道他是不是那个 MR RIGHT。

法则二：简要概括

- 在新的家庭经济模式中，每一个肩挑大梁的“女汉子”都应该开辟一条自己的路，实现自身的期待与梦想，让夫妻关系和谐美满。
- 男人也有要面对的困难。他们在平等的夫妻关系中，也因为要实现“婚姻和事业的双赢”而挣扎努力，为“兼顾事业和家庭”而备受考验。同样，他们也没有获得企业和社会大环境的支持。他们的故事也在改写。
- 如今“向前一步”的口号不一定只在工作中倡导。在别样的人生故事中，我们希望有个完美的结局。所以，不管是工作还是家庭，特别是夫妻关系，我们都要积极一点。虽然有些人会觉得向前一步的提法有些激进，其实不一定。我们可以将这个概念看作是倡导我们更积极地生活。

◆ 约会的第一天，要掌握主动权，坦诚公开自己的收入。不要隐瞒事实。不要担心头次约会就把对方吓跑。否则，你怕是永远也找不到你的真命天子，最后发现自己完全嫁错了人。

◆ 你必须要搞清楚自己对“上进男”的定义，你需要的另一半是什么样的。是一个愿意在事业上妥协，默默支持你的事业，在家照顾孩子的男人，还是一个有清楚的职业目标，不顾一切为之奋斗的男人？

◆ 已经步入婚姻的夫妻，要想顺利推进夫妻关系，可以先挖一挖自己“曝”在什么地方。这段关系中，你认为问题出在哪里？什么时候，什么原因让你对老公态度刻薄？问题的答案，就是书写你们人生传奇的纸和笔。现实一点：做到这些都需要时间和耐心，至少给自己一年的时间。

chapter 3

黄金法则三：平衡家庭决策权

美剧《广告狂人》受到全球热捧的一个重要原因是怀旧——20 世纪 60 年代的男人们在外打拼赚钱，女人们照顾家庭，养育子女，保证家里舒适整洁，每餐食物丰盛，财务收支平衡，整个家庭日复一日、年复一年平静和谐地繁衍。少数在外工作的女人，只是担任秘书、助理之类的职务，主要责任依旧是操持家务。总之，男人赚钱，女人花钱，一对成功夫妻就应将家庭经营得如同合伙公司一样。

今天，这种传统的家庭格局，因为越来越多的女性进入职场，并担任高级职务而被撼动。更有趣的变化是，职业女性在家庭财务上逐渐掌握了决策权。研究表明在多数男性高收入的家庭中，夫妻双方在财务问题上协商解决。但是在女性高收入的家庭中，女性独自掌握家庭财权的比例是丈夫掌权的两倍。

我和布拉德·克朗茨做过一项调查，也证实了这个情况。参与受访的女性达 1000 余名，且处在稳定的异性恋关系中，一半以上女性赚得比另一半多。她们也负责管理家庭财政事务。以下是我们的调查数据（反映两类女性——一类是女方赚得少，另一方是女方赚得多——在家庭事务上承担的责任。可见，62%的高收入女性，负责家庭账单支付，相比只有43%的低收入女性，管理家庭财务）。

家庭事务	比对方赚得少的女性	比对方赚得多的女性
支付账单	43%	62%
监控开销	45%	56%
家庭购置	19%	26%
预算	42%	59%
存钱	39%	59%
投资决策	27%	44%
抚养子女花费	43%	56%
制订退休计划	31%	54%

显然，如今的高收入女性大多在家庭财务上享有决策权，负责支付账单，制订理财、预算、退休计划等事务。但是女性如此忙碌，其实是自找麻烦。

在婚姻中，即使双方存在收入差距，但是在家庭财务问题上还是应该共同决策。对于男人而言，要维护一家之主的地位和尊严，必须参与到财务决策中。对于女人来说，既要保持“后宫之主”的贤惠和精明，还要每天披星戴月从公司回到家，扮演首席财务官的角色，岂不是自讨苦吃。（还是免费的！）

有这样一个家庭案例。凯尔（男主人公）2011 年被一家 IT 公司裁员下岗，妻子莉莉突然间成了一家六口的经济支柱。这对住在休斯敦的夫妻收入瞬间缩水了一半，但他们的账单如期而至。莉莉感觉自己的压力陡然而生，她毅然决然地决定自己来承担家庭的财务工作（如支付账单，平衡收支，管理存款账户），而凯尔全心扑在求职上。莉莉以为这样就可以缩减开支，解决燃眉之急。其实更合适的解决之道是让凯尔承担这类家务工作，同时在家润色简历、练习面试技巧。

在家庭开支方面，莉莉独掌大权不让凯尔参与，她负责支付账单、采购日常用品。当丈夫想给自己添一双新高尔夫鞋时，她完全没有理会。这件事让凯尔觉得有失颜面，从此开启了一个恶性循环：凯尔为了拥有自主权和尊严，开始攒（藏）私房钱。然后莉莉就把家里的钱看得更紧。两人渐渐对彼此失去了信任。

挑战：当女方收入高，如何让男方不仅仅感到紧迫感，而是主动承担起更多的家庭责任，实现夫妻双方协同“作战”呢？比如，财务问题：谁来负责偿还房贷，支付日常开销以及假期开销？情感问题：你如何让他感觉到自己是参与者，让他感觉自己做出了贡献——经济上或者其他方面？夫妻之间该以什么样的合作方式实现财务平等？即使男方没赚那么多钱，如何让他感受到自己和妻子一样共同参与家庭财务？答案就在本章：平衡家庭决策权。其实对于每个家庭来说，解决方案是多种多样的，没有一种方法是绝对的对或错，只要双方达成共识即可。

家庭是需要花心思经营的，你要分清家庭事务的轻重缓急，明确自己的期望和责任。这能够帮助彼此建立起信任，也是建立一段健康夫妻关系的关键。如果你不能直截了当地告诉对方你想如何分担账单，做财务决策，很容易让彼此失去信任出现财务纠纷。

本章内容不仅能根据你的兴趣和习惯，帮你找出最合适的支付策略，最重要的是帮你更有效地沟通，处理不可避免的失衡状况，帮你调整内心深处隐藏的各种情绪——骄傲、尊重、自信、自我满足、自主权、独立感，甚至是羞耻和嫉妒带来的争吵。在某种程度上，在面对金钱的问题上，所有的情绪都会涌出，而任何一种消极、负面情绪都会带来麻烦甚至会毁掉一段关系。

下面将介绍高收入女性如何应对家庭财务状况，以及一些有效的应对策略。

启动情感模式

假设你们正在进行一番推心置腹的交流，希望就家庭财务问题分清职责。这可不仅仅指选择支付方式是维萨信用卡、万事达信用卡、支票，还是现金，而是明确家庭财务责任分工。

为了完成这项艰巨的任务，你们从做财务审计着手。你们需要列出财务清单，从各自的收入开始计算，开销如何分担，你们各自的债务状况等。为了避免大家就某个问题争得面红耳赤，尽量采取情感模式，找出谁最适合负责管理账单，什么样的支付协议适合你们。一定要开诚布公，不要太过自我。

随着家庭经济关系的密切，两人的关系也发生了质的变化（比如，你们决定搬到一起住，结婚，成为一生的伴侣）。你们开始共同承担开销，共同制定家庭预算，为养老做计划。如果你需要一个开场白，此时就启动情感模式，试试这个："聊聊你妈妈是怎么打理家庭财务的吧。"

分享童年的记忆

精神治疗师经常从询问对方的母亲开始对话，原因是这会给他提供很多有价值的信息。想要了解你内心深处可以接受的家庭财务分配方式，比如谁负责还账单，谁购置家用等。那就开诚布公地聊聊金钱在你小时候扮演的角色吧。这对你和你的伴侣都适用。

在你成长过程中，父母谁赚钱谁管钱，哪一幕深深印刻在你的头脑中？我自己头脑中充斥的是不同时代的各种男人在餐馆中为买单争吵的场景。对你，或许是目睹妈妈加班到深夜，只为支付你学校的野外旅行费用。在成长过程中，每个人都已经形成了一套参考标准，尤其对于金钱的标准；无论你是否喜欢，你的母亲如何赚钱（或赚不到钱）已经给你留下了无法抹去的影响。

童年的经历影响着人们成年后的基本思维模式。年幼时对金钱的印象和判断，逐渐塑造了人们现在的金钱观。伴随着生活中的财务经验，你的金钱观还会不断变化。今后开阔思路，广泛涉猎各类信息将会不断更新你未来对金钱的观念和看法。

因此，要解决所有的问题，只靠一个人显然不实际也不现实，与身边的伴侣多多交流就很重要。生活的经历总会唤起你童年的记忆，让你对生活有更深刻的理解。当你回忆起一些有价值的东西，要记得彼此分享。这是我和老公相互了解彼此看法的有效方法之一。

我和老公经常一起感怀往事，彼此交流各自的童年趣事，尤其是乐于分享彼此埋在心底的记忆。我记得大一暑假回到家，看到母亲面对堆满桌子的账单泪流满面。她心情沉重地说，对于管理家庭财务感到束手无策，而且心生恐惧。那时我父亲只顾在外挣钱，家庭财务全由母亲一人负责。随着房贷、车贷的增加，她有点应付不来，不知道如何支付房贷，不知道家里存款有多少。后来她渐渐明白，如果我父亲出点儿什么事情，她就会一无所有。我想这或许是我一直努力工作，积累个人资产，并尽可能多存钱的部分原因吧。

过去的经历不容小觑。如果你（或你的伴侣）一直生活在男主外、女主内的家庭中，请注意：这就成为你（或你伴侣）对生活认知的一部分。在处理家庭财务问题时，就要尊重对方这些习惯，不要忽视那些根深蒂固的观念。制定个人的做事原则时，请将自己的经历特点考虑进去，而且告知对方，这样会让双方交流起来更舒服。比如说波斯人传统观念让我习惯于男人买单，所以当我们去餐馆吃饭时，每次都是老公用信用卡买单。而那张卡实际上每月是由我还款的。

这可能听起来有些可笑，但对于我来说，这更像是在大庭广众之下两人在秀恩爱。当我们一起和我家人聚餐，让老公买单使我的父母感觉舒服。我猜这是我们比较怪异的一种表演。诚然，我和老公生活在一个不断进步的社会，但我们的父母在金钱观念和性别角色上仍然比较传统。而我们也乐意用这种方式满足他们（和我）的需要。

钱不要分得太清楚

人们都说男人是挣钱的耙，女人是管钱的匣。女人无论赚钱多少，都应该监管家中财务，并负责家庭收入的分配。对于养家的女人来说，可以负责支付大额账单，比如房贷，而老公则负责支付一些小额账单，比如电话费。

当你们的财务状况变得复杂，比如有了孩子后，就需要考虑让第三方介入，比如专业的家庭金融规划师，给你们建议并指导你们做财务选择（更多细节见后）。一名规划师也能在你们纠结的经济问题上弥合沟通落差……比如让你的丈夫意识到你的钱，事实上是“我们的钱”——这也是我老公一直在努力克服的事。他从不对我的资产感兴趣，因为害怕给我留下坏印象，觉得他和我在一起是为了我的钱。虽然这很体贴。但事实是，在一定程度上我的钱，就是我们的钱。

我老公觉得既然我赚得多，那么我对家里的事务便有决定权。但我告诉他：“我可不想在这个‘一人做主’的岛屿上唱独角戏，那太孤单了。我们可是一伙儿的。”我不喜欢拿主意做决策，不想成为家中唯一负责财务决策的人。我认为，当他不用做财务决策时，如果财务出了状况，他就不会责备自己，而我就必须承担更多压力。打个比方，虽然他希望我来决定我们需要投多少人寿保险，或我们该买多少住房保险，但是我希望他能当作自己的事情参与进来。我还建议家里应该请个财务咨询，我就可以落得清静。

关于钱财，区分“你的钱”和“我的钱”，这老套规则早就该废除了。你辛苦赚来的钱多少归你自己所有？根据布拉德·克朗茨的调查，如果男人主要负责养家糊口，他们会认为那是“我的”钱，“我在把我的钱分给你”。另一方面，当女人赚得多，通常她们会把自己赚的钱看成是“我们的钱”，因为她们会考虑伴侣的感受。但当女人将自己捆绑在“我们的钱”的观念中做事时，以为可以抚慰丈夫们的尊严和面子。不幸的是，她已经进入了危险境地。

虽然将家庭看作一个经济单位，并实行按需分配很重要。可是当女人成为家庭的经济支柱时，秉承着“我的就是我们的”的观念，可能会产生事与愿违的结果。为什么？因为作为女人，我们天生是给予者。我们喜欢照顾自己爱的人，而把自己放到第二位。而当我们赚得多时——我们会为我们比配偶赚得多而感到内疚——因此可能不会做出最好的财务选择。

以我自身为例，我发现自己购物时会感到内疚，于是我购物的同时就会为蒂姆买几件东西作为补偿。其实我不应该感到羞愧，他从来没对此有过任何不满。而我只是喜欢购物，我也真心喜欢给蒂姆买东西。

百分之百可以肯定的是，我的内疚多少源于想要证明自己对钱并不自私……我想传达的思想就是我的钱就是我们的。我不仅仅只对自己挥霍金钱，我买新鞋的时候，也会给他买一件运动衫。我希望他能体会，我们是一起的，我把你看得很重要。讽刺的是，蒂姆对新衣服并不太关心。而那笔钱本可以存入账户赚取利息，而且也不会伤害感情。

所以，在两性关系中，女人的钱被看作是“我们的”的限度在哪里？毕竟，我们比男人活得长，花费也多些，无论是卫生保健、衣着服饰、还是购买化妆品。当个人情感与财务混杂在一起，以下建议可能是应对财务灾难的良方。

保持财务决策公平的六个技巧

1. 保持统一战线

如果在家庭中，男人想参与财务决策或在经济上与你平等，他就应该挽起袖子承担起那些脏活累活，比如支付账单、平衡预算，为你们的退休账户花精力进行投资。

确保你们站在统一战线，目标达成一致，避免理解错误或者沟通不畅。一旦你们对家庭有所规划并达成共识，就可以解决谁管家谁拍板的问题。

2. 配合默契

虽然每个赚钱养家的女人都能对资金做到很好的监管，但那并不意味着你得大包大揽所有的事情。家庭的账目和资金，可以交给那个有兴趣管的，管理更好或者简单说更节俭的那个人。

无论哪种方式，研究成果，还有一些趣闻逸事都证明，夫妻双方不是根据收入多少或者性别来决定谁控制财务大权。其实无论谁做出财务决定，都需要与另一方商量沟通。否则，你很可能会让配偶没有存在感。

3. 账目透明

建立一个家庭在线账户，夫妻二人可以随时登录，查看银行业务和账单支付（如水电气费用、房贷、电话费）等内容。当遇到紧急情况时，你们可以清楚了解当下家庭的财务状况，这是很有用的。像 Mint.com 网站，可以免费为用户提供安全简单的财务账户，帮你追踪开销和债务。像 Manilla.com 网站，可以帮你跟踪账单到期日并有还款支付功能（可以让你看到开销和债务状况，但与 Mint.com 的追踪方式不同）。

你们应该每个月一起查看一次或两次，这样让彼此清楚资金流向。切记要保存所有在线账户的用户名、密码和流水单，包括电话费、水电气费、房贷、联名信用卡、经纪账户以及保险单。在家中的防火保险箱中或者银行保险箱中存放一份所有资料的纸质版，同时在像 Passpack.com 或者 Clipperz.com 这样的免费安全网站上保存一份所有账户名和密码。

即使你老公负责所有账单和账户，你也要养成经常检查账户的习惯，以确保财务状况良好。我和老公就有一个 Passpack.com 账户，可以从任何一台电脑登录账户随时查看。

4. 学会示弱

这意思是说当你感到无助时，要第一时间向老公寻求帮助。当你力不从心时要勇于承认，接受妥协让步。我在夫妻关系中就经常这么做。对于养家的女人来说承认自己的弱点或者寻求帮助确实不容易，但这是必不可少的。

你只需要打个电话或者时而发个短信就够了，问问他："嗨，我们负担得起吗？我们应该买这个吗？这个值得买吗？你怎么看？"当你不知道的时候，勇于承认很关键。这让你的另一半有机会表达自己的意见——而且，很可能，可以省钱。

5. 学会放手

作为一个养家的女人，你得准备好放弃对财务状况的全部决策权，而且还要适当放弃曾经单身的生活方式。虽然女人可以给家里赚更多钱，但我们要明白自己处于搭伙过日子的关系中。虽然我们接受了“我的钱”就是“我们的钱”（一定程度上）的观念，但我们真的准备好体验其中的含义了吗？

毕竟，这可能意味着你得降低品位，不再追赶时尚，考虑更多经济因素而做出取舍。我不是让你放弃某些奢侈品，那些你自己能买得起的东西让你感觉很自豪，但你不应该再像单身时那样挥金如土了。

6. 给男人留足面子

如果女性收入用于支付大部分的日常开销，你赚的钱会掩盖他赚的钱的作用。但即使他的收入相对少一些，那些钱也能用于支付假期旅行、大学学费、房屋定金、购买新车，或在将来用于支付某笔大额开销。

我老公一直在管理家庭退休基金，他收入的大部分都用于此。而他也是美国 529 计划的唯一出资人，该计划是我们为未出生的孩子预备的。他来做的这个资源配置不仅让我从支付我们两人的退休资金压力中解放出来，而且对孩子来说，爸爸能送他们去上大学。这对他是一种很好的回报。金钱积少成多能量大。

区分三种财产：你的，我的，我们的

在家庭生活中，尤其是在女性为家庭经济支柱的家庭中，我们应该有意识地分清三类资产：你的、我的和我们的。家庭财务的分配，直接关系着婚姻关系的成败。建立一个财产体系让彼此都能保有一定程度的财务自主权，同时也维持一定程度的共同责任权，这至关重要。从我个人经历来说，这样的财产体系会让夫妻间有更好的沟通交流，彼此更加透明，也让彼此感受到你们不仅仅是互利互惠的室友。

听起来这像是一个显而易见而且非常完美的策略。谁不想在婚姻中实现财务共营的同时还保持一定的财务自主权？但我也经常遇见一种夫妻，不管他们收入均等还是差距很大，都会选择财务完全分开。他们之间每一分钱都掰算得很清楚，就好像是室友：晚餐时各自用信用卡支付；房贷每月各自支付一半；其他如电话费、网费、水费等统统是一人一半。若瞥一眼他们的冰箱，会发现他们连果酱、花生酱都是一人一瓶。

我发现这种“你的是你的，我的是我的”的做法在晚婚夫妻中很普遍。经过多年的经济独立生活后，或者也许在前一段婚姻中为金钱争吵太多之后，这些夫妻以财务分开来避免争吵，或防止完全损失自己的金钱和资产。

心理学上来说，AA 制是现代生活中个性独立的佐证。但我们的家庭生活方式仍然秉承传统，双方至少共同拥有一个账户，即使是做做表面文章。毕竟，即使经过了几个世纪，在婚礼上我们的誓言并没有改变多少，尤其是我们承诺彼此信任。那为什么在金钱上不能彼此信任呢?

AA制夫妻只是一部分，还有一些夫妻坚持将每一分钱都合在一起用（我们一会儿再来聊他们），但是我想最合理的方式是将收入分成三份：你的、我的和我们的。这样的财务架构可以促进做出更理性的决定，无论是提供家庭需求还是满足个人的欲望。

这也是保持财务公平的最佳方法，即使男方挣得少，对他来说会感觉也在养家糊口。我可不是吓唬你，根据我的经验，有财务隐瞒的家庭中——夫妻一方隐藏自己购买的东西，或是将自己的债务记在秘密信用卡上——“欺骗”经常源于夫妻双方缺乏财务透明和财务责任划分。而共享账户很难为财务欺骗隐瞒留下空间。

你的。 一次我做了一个关于“年轻人如何管理金钱”的演讲。事后一位已婚的男士来找我，说他家的财务问题让他十分痛苦。他妻子比他赚钱多而且“控制所有决定权”。妻子不让他花自己赚的钱，还让他自掏腰包给妻子买东西。他觉得很不公平，他连自己独立的存款账户都没有。他家只有“她的”存款和“他们的”存款，缺少了“他的”存款。我建议他开一个自己的资金账户，考虑用自己的钱为家庭做长期储蓄，可以用于支付假期旅行或新家的首付款。

每一个人不论赚多赚少，都需要有自己的财务自主权，需要有自己的“备用金”以便购买个人物品或在紧急情况中自己支配。口袋里没钱，老公拿什么给你制造生日惊喜呢？对于那天来找我的先生来说，我想比较棘手的问题是他娶了一位控制型的妻子。由于他妻子支付所有的账单，而且掌控所有的财务支出。在赚钱养家方面他觉得自己是个失败者。他也没信心能就独立账户的问题，与妻子讨论。

作为一名两性关系专家，埃里森·阿姆斯特朗告诫人们，如果在两性关系中任何一方认为金钱就是权力或用金钱让自己在关系中占主导，那你就是作茧自缚。最终那位先生因我的建议备受鼓舞，希望与妻子就独立账户问题达成一致。

我的。对于负担家计的女人来说，需要有个人存款账户和/或个人开销账户（因为现实情况是女人很可能寿命更长，由于性别差异，开销更大）。你可以每月从工资中拿10%，放入自主账户。这部分钱可以自由支配，犒劳一下辛苦赚钱养家的自己。这也能减少因购买一些小物件引起不必要的争吵。如果你想买什么东西，你可以直接用这个账户中的钱，而不需要询问对方或获得对方许可。退一万步说，万一遇到紧急情况或是双方生气闹分居，这部分钱也是财务保障。既然我们都知道女人赚得多离婚概率更大，这笔钱对女人也是很重要的经济保障。

我们的。可以设立一个共有账户承担共同开支，如支付家庭每日开销或是支付退休后的大笔开销。还可以开一张联名信用卡（不需要更多了，真的）可以全额付清家庭所需，还款要么连接共同账户或只连接妻子账户，因为她是养家的人。

设立“开销上限”。若任何一人想购买的东西金额超过上限，必须提前商量。我建议需要商量的开销最低值为100或200美金。所以，如果你想用联名账户中的钱给家里买一台价值200美元的打印机——而你正在商店里想立刻买的话——打个电话或是发个短信告诉对方。或许你决定等晚饭后两人先上网查查价格或是看一下《消费者报告》的评级后再买。

吐槽自家财务状况

曝光一下我和老公蒂姆管理资金的方式。我们的薪水分别存在各自的薪资卡里，而没有存入一个共同账户。在各自的账户中我们会留出适当金额用于支付我们各自负责的每月开销，而又可以保持各自的财务独立。

我有一张个人信用卡只用于承担商业工作中的开销。而蒂姆也有一张个人信用卡可以自由支配。我们结婚后开设了一个联名银行存款账户，各自会向里面存入资金。我们计划用这笔钱支付买房的首付款和手续费。

我们有一张联名信用卡用于支付大部分的日常开销，这张卡由我每月还款（我也负责支付房贷）。这可以让我们的资金利用最大化，更重要的是，这可以提高家庭开销的效率并合理化开支。家庭 80% 的开销由这张联名信用卡支付，其中包括外出用餐、购买生活用品、外出度假、加油、汽车保养、保险、购买家具、家庭礼品、日用品，等等。

我们还用这张联名卡支付蒂姆上夜校学习软件开发课程的学费和我的财务规划认证课程学费以及教材费。毕竟，个人教育培训也有助于家庭。这是对我们未来的投资，而我也很乐意来支付这笔费用，并引以为荣。如果我们的收入调换一下，我想蒂姆也会这么做。

我也用这张卡满足我的个人需求，比如买衣服、做指甲、做头发。既然我用自己的收入来还款，我认为用这张卡为自己买东西也是可以的。

蒂姆承担的花销都由他自己的信用卡或借记卡支付。如果和他家人一起出门用餐，就由他买单。平时他会自己买衣服，像地铁票、打车费、剪头发、外出吃饭等日常杂费以及健身会员卡等他也自己支付。他还负责承担每月的水电费，结婚前他就在付。我们结婚以前一起住了几年，那时我们的经济是分开的，除了我们结婚前一年共同出资买房以外（我承认这是挺大的事儿）。

坦白说，对于日常共用费我也不太关注。例如，虽然我支付上网费，但蒂姆更热衷于网络的研究和挑选，所以这就成了他负责的范围。他也支付我们每个月的停车费，严格说这也属于“家庭相关的”支出，但在我们结婚前他就支付这笔费用而我也没有负责过。我能说的是，有些事情是本着方便和过去的习惯，只要两人相互信任而且没有谁越权负责或是拖欠付款，那就很好了。

在投资方面，我们都从各自的独立银行账户中拿钱出来用于“家庭”投资。例如，我之前提到过的，蒂姆参加了 529 大学储蓄计划，为我们未来的孩子存钱（这永远都不会太早！）并且在工作中最大化他的 401 退休计划。

虽然我们收入上存在差距，但是他的钱支付家庭生活的大部分开销还是很轻松，于是决定通过这种明智的方式让蒂姆也成为家庭财务供应的主力。他现在积极存款为家庭提供了安全保障。我为退休账户中存钱，也是为长期财务保障做投资（显然，这个账户的钱有朝一日我们会共同使用），我也为两人投保了生命险，给自己买了一份伤残险，以防哪天因为疾病我长期无法工作。

既然我们分别为退休账户存钱，那就是说当我们取出钱的时候，这笔钱是彼此共享的。那么，虽然我们各自拥有这笔钱，这仍被看作是“我们的”。在财务顾问的帮助下，这笔钱是透明的，而我们都确保每年保持一定数额的注资。

最后，我们用两个人的名字开设了征税经纪账户。我们的财务顾问提供建议而我用自己的收入来支付，这也是对现存的退休账户的补充。

如果一方完全没有收入，那大概就只有一个“我们的”账户。唯一例外的是如果有继承财产或是以前有存款的话，需要有一个额外账户将这笔钱独立起来。

共同账户的利与弊

在调查中，我发现持有相同婚姻理念或宗教信仰的夫妻，都愿意将所有的钱存在一起。他们将工资存入一个账户，所有的存款也是在双方共同名下。这些夫妻之间有着强大的信任感和凝聚力。“每一分钱都是双方共同拥有”，他们的理念是无论谁在工作，共有账户是支持这个家的唯一经济来源。

“我们不去用其他任何方式来量化金钱。”凯莉说。她今年39岁，是一名软件经理，也是两个孩子的妈妈。她的工资是老公的两倍。老公布拉德，是一名油漆批发经销经理。在2001年他们步入婚姻殿堂之前，他们向一名教堂牧师咨询财务建议（有趣的是那位牧师是女方的父亲）。“他更多地从婚姻咨询角度向我解释说，如果你们把所有的钱放在一起，这就表明你们的承诺上升了一个层次。不然，我明天就可以带着我的椅子走人，而他可以带走他的电视……

但如果你把收入合并，那就有更多危机。你得更加努力让这一切正常运行。”

我不是想要妨碍个人信仰或是阻止步入婚姻，但对于这些夫妻是否真能在实践中将万事融为一体，我持有一丝怀疑。婚姻治疗师科里·艾伦，也是虔诚的基督徒，他经营一家名为“简单婚姻”的网站。他告诉我，“提到财务管理，开一个联名账户是比较简单也更‘公开’的方式，但这也是夫妻争论的起源”。

艾伦强调说当决定账户形式的时候，不论婚前还是婚后，沟通交流是很重要的。“每对夫妻都要扬长避短，找到实际适合他们的方式，” 他建议，“如果他们选择分立账户，比较明智的方式是每人都有一定途径能够看到对方账户情况。”

艾伦和他妻子开始是开设的联合账户，然后又变成分立账户，为的是免去为那些小钱怎么花、花在哪里这样的事情争执。但他们在各自独立账户上共同联名，所以实质上仍然是联名账户，但操作中他们彼此尊重，分开使用独立账户。

根据艾伦的例子，这里的主要因素是“共同”的含义。这个理念是说金钱对一个人有意义，不一定对另一个人意义相同。所以你对共同含义理解越深，你就越少让自己在这个（以及其他）问题上出状况。

我曾在推特上向粉丝们征求意见，拥有共享账户是否更加明智。我问：双收入夫妻是否应该把他们的每一分钱都存到一起？

大家的回复各式各样：

- 是。我讨厌我丈夫对我说我不能花“他”的钱。
- 否。太多夫妻不喜欢共同做决定了。

◆ 为 401 退休计划和罗斯退休金计划存钱，支付账单，拿出 10% 的收入存起来，然后把剩下的钱存在一个账户里。没有隐瞒就没有离婚。

◆ 两人财务分立那是合伙关系可不是婚姻。

◆ 是。如果你在财务上不信任对方，你就不应该结婚。

如果你不能找到最适合你的，那就更进一步学习并且考虑情感方面的需求，比起选择支付方式，哪一个是更关键的因素。

情感监督方式

不考虑“你的”“我的”“我们的”的分配情况下，如果你仍然想知道如何处理你的账单，那我也有一些附加指导方针，至少可以给你一些参考，用于决定如何分拆所有的事情，共同分担指定账单，或只用自己的收入支付日常开销。这个练习关注于“情感监督”，确保你和配偶保持开心。你和伴侣心理上的包袱会在你们找到偏好角色和情感舒适上有重要作用。

◆ **方法 1：分工合作。** 在这个方案中，赚钱多的人负责支付大额账单，而另一位负责支付数额相对较小的账单。对于新婚不久的瑞贝卡和爱德华来说，两人新房子的首付款是一人一半，因为瑞贝卡工资是老公的三倍，她就负责每月 3000 美金的房贷。而爱德华就用自己的工资支付两人共同开销，像每月 500 美元的合住公寓保养费和每月 100 美元的上网费。瑞贝卡为大额账单付款，像机票费和外出度假开销，而爱德华就为假期外出晚餐和其他短途旅行买单。老婆买车，老公付油费、保险费、维修费和保养费。

最佳适用夫妻：女方赚得更多，银行账户现金存款充足，可支付大额账单，而男方收入也很体面。“体面的”收入是指男方可以毫无压力地支付生活中较少一部分的开支。

情感监督：小额开支——每个月30元的在线报纸订阅费和100元的电费——可以合计在一起。如果发现他被零零碎碎的小额账单捆绑，压力不断还充满抱怨——毕竟与支付一张大额账单相比，支付一堆小账单会让人感到疲累而烦琐。你要适时地安慰对方，确保查询这些小额账单及时支付，而且要为他支付这些接连不断的小额账单而表示感谢。

◆ **方法2：改良版“AA制”**。这种用于非正式社交场合的古板分配方式，也可以用在和爱人之间分担账单。但是如果你们不能做到真正的公平分担那就很危险。

最佳适用夫妻：妻子赚得多些但差距并不悬殊，或是她把自己工资收入的大部分用于投资。

情感监督：如果女性收入比老公工资的两倍还多，他真的愿意支付一半费用吗？“男人比自己老婆赚得少而又被迫承担账单一半的费用，这会让人暗生不满，而这不满积累之后必然会爆发。”这话出自哈里特·巴本海姆的书《贫富之间》。我同意这种观点。如果这种AA制的模式变成了你们压力的来源，你要考虑按照个人收入比例，各自拿出一部分钱放入共享账户，并且用这笔钱支付共同开支和活动。举例说，你每年的净收入为9万元而你的老公税后收入为8万。现在你决定将两人各自税后收入的80%放入家庭账户，那就是从你那里取 7.2 万，从他那里取 6.4 万。公平合理。

◆ **方法 3：承包制**。主要赚钱养家的那位负责全部的日常开销，而另一半的收入主要用于偿还债务，储蓄或是放入自己的账户里。（这个不同于方法 1，因为养家的那位要支付所有日常开销，甚至包括那些像报刊订阅费、物业水电费之类的小额开支。）

最佳适用夫妻：这种方式适合于收入差距特别大的夫妻。妻子可以负担全部的家庭支出，而丈夫的收入则主要用于投资、购买礼物和个人物品。玛丽安，来自犹他州的自由作家，她的收入差不多是丈夫收入的五倍，而丈夫是一名年收入 3 万美金的兼职教授。他们结婚十年了，她一直赚得比老公多。一直以来是由妻子支付日常的所有开销，而丈夫的工资用于偿还贷款并为将来投资。“靠我老公的收入我们无法维持现状生活。”玛丽安说。她把老公的收入看成是“意外之财”，用于偿还大学贷款和存退休金。那样，如果他没有了收入，他们也能靠妻子一个人的收入生活得很好。

情感监督：如果家庭只靠你个人的收入生活的话，一定要表达出自己对家庭支出的担忧。否则，你会感觉自己被占了便宜，而事实是你的老公根本不清楚你的薪水到底有多少。如果你（在情感上和实际中）没有理睬过他赚的钱，从不让他支付贷款、存钱、存退休金，你可要留心老公会觉得自己是“吃软饭的”。

我必须要再次重申最后的这个情感监督部分。尤其女方负责承担开销的大部分时，老公会很容易感觉被忽视，没有存在感，产生不满和愤怒。

信任与责任

与前文提到的凯尔和莉莉夫妇不同，住在内华达州的艾哈迈德和法拉在家庭生活中找到了完美的平衡状态。在三十年的婚姻中，一开始法拉就比艾哈迈德收入高，他们一直努力找寻生活的平衡关系。法拉，38 岁，是一名年薪 20 多万美金的风湿病专家，而 43 岁的 IT 技术专家艾哈迈德年薪只有 8 万。他一半时间在家工作，以便能够照顾三个孩子（一个 11 岁，一个 3 岁，一个 2 岁），并且负责接送孩子们上下学。

两人刚在一起时，艾哈迈德负责养家，他在一家世界 500 强的科技公司工作，而法拉那时为拿到医学学位正在医院实习。艾哈迈德为妻子的成功深感自豪，尤其是他感觉自己为此也付出了很多。他说："每一个成功女人的背后，都有一个默默支持帮助她的男人，而我就是帮助法拉的那个男人。"

这对夫妻来自巴基斯坦，他们的生活方式与传统家庭相悖，因为在传统巴基斯坦人的婚姻中女人主要责任是照顾家庭。我感受到巴基斯坦裔和波斯裔的母亲在很多地方相似。在采访中我了解到，艾哈迈德夫妇角色的反转，让婆婆很难接受。婆婆每年都要来和他们一起住几个月帮助他们料理家事。很多次，艾哈迈德都听到母亲语气中带出的不满，暗示法拉工作太多，孩子们需要母亲在身边陪伴。而法拉的工作繁忙，根本无法在周末尽到招待家人和客人的责任。

在传统巴基斯坦人的家庭中，典型的妻子形象是要在周末张罗大型派对款待家人和朋友的。而在这个家中，周末只能体味安静。

（我对艾哈迈德的表白感到有趣，他说他无法做到严格意义上的居家奶爸，完全不担当家庭以外的职业责任。他曾经尝试过一次，时间大概几个月，然后承认："全职奶爸的家务实在太缠人，我每天和孩子们一起的时间也就多了一两个小时。"）

在家里，艾哈迈德和法拉平分家务琐事。虽然他们不共享财务账户，但艾哈迈德负责家庭大部分的财务。他管理存款和退休账户，其中包括妻子的 401 退休账户，并且承诺到妻子 50 岁时会将该账户中的存款提升到 100 万美金。他也能够登录妻子的在线活期账户并知晓资金的流向。

法拉支付所有大额账单，包括住房贷款，而艾哈迈德支付的账单总额不会超过 250 美金（如物业杂费、电费等）。每月分别给各自父母汇一笔钱尽孝道。当我问艾哈迈德对待"他的钱和她的钱"上的态度，他告诉我虽然他对于妻子的收入是有所有权的，但他对于花这些钱却小心谨慎——确实要比他自己赚钱养家时谨慎得多。他们很少在钱上争执，相反却经常在更小的事情上斗嘴，比如她回家照顾孩子晚了，或是将脏盘子留在水池中过夜。

"我们两人还是非常信任彼此的。"艾哈迈德说。他接着说，自己和妻子都非常清楚，他也可以赚更多钱，但没这么做的理由是，他希望与孩子更加亲近。艾哈迈德认为自己作为一名父亲，担负着重要职责。他接着举了一个例子："我们有个朋友，他 40 多岁的时候，第一次观看 14 岁儿子参加足球比赛。他虽然住在价值 200 万美元的房子里，可如果你连看自己孩子球赛的机会都没有，那根本不值得。"

如果你认为信任和责任是夫妻关系中最重要的因素，仅此而已，那么当一些意外情况发生的时候，你该如何应对？比如，老公想要资助生病的母亲，而你是赚钱养家的那位？如果他自己赚得不够却需要支付离婚赡养费，而你能为他付吗？如果在进入婚姻之前，他有大量的信用卡债务或是学生贷款要还，支付这些费用是你的责任吗？要是他想给朋友或是家里人买礼物，而费用，比如说，超过50美金呢？面对发怵的“婚前协议”问题，你是否要考虑签署婚前或离婚协议？简单来说，当你知道生活中有许多未知因素时，如何让自己内心自由而宁静呢？

这就需要黄金法则四了。

法则三：简要概括

- 在女性为家庭赚取更多收入的婚姻中，女人控制所有财务决定权的比例是丈夫的两倍，这可不是个好现象。
- 要维护男性的尊严和承诺，他需要感受到自己在两性关系中扮演重要角色而不是完全与财务决策隔离。这要求你平衡财务分配，过程分两步：找出生活开支的大头和小头；处理好由于财务差距带来的情感挑战。
- 在分出“你的”“我的”“我们的”财务责任前，要确保对自己根深蒂固的金钱观念和成长背景如何影响你现在的金钱观有明确的认识。

◆ 如果他比你在行（或只是比你有时间也喜欢这样的角色），让他处理支付账单和投资事务是可以的，但是收入比老公更多的女性还是要对财务情况有准确感知并知晓工资收入如何分配。

---

chapter 4

黄金法则四：制定婚姻协议

家庭财务决策和财务状况并不会让你事事顺心，总会出现很多意外情况让你措手不及。因此你必须有及时周全的应对策略，比如年迈的父母突然生病，吸金的赡养费账单，你们相遇前他已背负的债务，大学室友想借他钱做生意，他“必须拥有”的昂贵玩具。这些棘手的问题你该如何应对？

首先，当你站在人生的十字路口，你需要问自己一些问题。这不是你愿不愿意承担的问题，而是你的薪水是否负担得起。你要静下心来，仔细思考以下的问题：

- 如果身份调换，你会期待他做什么？而他会怎么做？将自己放在他的立场上，会产生怎样的情绪和同理心。
- 如果我比他活得长，这些问题对自己未来稳定的生活有多大影响？我们知道，女性未来需要花费更多的钱。既然她们寿命可能更长，一旦失去伴侣后她们就得负担一切开支。所以你不能仅仅基于他是否会为你做同样的事情而进行财务决策。

◆ 即使这是他自己的事情，我就要漠不关心，以为不是我们两个人的事吗？

◆ 金钱不是万能的，但如果金钱能为我们所关注的事情埋单，让我们的生活更舒适或者更幸福不是更好吗？

◆ 就目前自身所处的阶层而言，我们的目标是什么样的生活？我们能轻而易举地得到吗？生活中自己承担的职责和义务及面对的风险有哪些？

现在，让我们进入到诸多假设问题中。首先从协议书说起，这是众多假设问题中最重大的一个问题——分手。如果你们准备进入婚姻，婚前协议你接受吗？如果你已经进入婚姻，你应该签份婚后协议吗？

婚姻协议那些事儿

"在离婚中感觉最愤怒的人，就是一个被迫为配偶支付赡养费的女人。"北加利福尼亚州的离婚诉讼律师罗斯·李如此说。他从事这一行已经超过 25 年了，在过去十年中发现越来越多的女性赚钱比老公多。

虽然十年前接手的案件中，高收入女性可谓凤毛麟角，可如今这样的女强人让他觉得非常普遍。从他的经验看，高薪妻子可能是"造成婚姻破裂的重要因素"（虽然他承认他只能指出婚姻问题，却没有解决之道）。

在他接手处理的收入女高男低的离婚案中，并没有看到他预期的存在大量的婚前协议。而那些即将步入婚姻殿堂的夫妻，也没有多少人请他帮忙拟定一份婚前协议。他想这是因为女性的思维方式与男性不同。“男性在保护自己的财产方面都非常肯定，而女人不会。”他告诉我。

他认为，毫无疑问，有一份婚前协议会更明智。“我认为对于一名比老公收入高的女性来说，没有一份婚前协议是疯狂的。”他坚定地认为，“一份婚前协议是唯一你确信可以保护自己财产的方法。”他指出女性高收入的家庭离婚率更高，而让她们与丈夫协商签署婚前协议的难度也不大。因为在男人眼中，在离婚时接受女人给的赡养费会是件丢面子的事。因此，男性更愿意签署一份婚前协议。

有趣的是，罗斯也认为，高收入女性不会以男性的思维方式，对离婚概率做深思熟虑。据他说，对女性来说婚姻最重要的就是浪漫。他确实说中了一个方面，但我想补充的是我们女人无论收入多少，我们在结婚之时从不会相信会发生离婚这样的事情。因此，我们应该更现实些，更明智些，为那些“万一”会发生的事情，做好预案。

2011 年，美国婚姻律师协会（AAML）发现，五年间签署婚前协议的数量蹿升了 73%。虽然现今女人要求签署婚前协议的数量达到历史新高，可相比结婚的数量来说仍然只占了很小的比例——绝大多数人根本不考虑签署婚前协议这码子事。

随着婚龄的推迟，单身的高收入女性越来越多，她们比男性更早购买房产，积累雄厚的财产，这使得她们将来更容易面临婚姻的危机。在离婚法庭上，不再充斥着索要生活费和子女抚养费的愤怒主妇。与以前相比，更多女性反而是在为前夫和孩子支付赡养费。

根据美国婚姻律师协会数据，近年来全美56%的离婚律师们见证了越来越多的母亲支付子女抚养费。不仅如此，47%的律师还表示，女性为前夫支付赡养费的数量也在增长。在罗森的经验中，他从没遇到过哪个案例中的女性觉得丈夫接受自己的资助是公平的。我想这就表达出了我们女性的心声，那就是我们需要保护自己。

在罗斯处理的离婚案件中，高薪女性最普遍的抱怨：丈夫的懒惰，比如有一份工作即可，浑浑噩噩，不上进，不愿意努力赚更多钱；打算自主创业，却半途而废。这些也证实了我的预测。女性越长时间供养她懒惰懈怠的丈夫，她失望的情绪就越快滑向痛苦的深渊，转而变得愤恨不已。

在我和罗斯的访谈中，我发现最有意思的是，男女在归咎婚姻破灭的原因时，思路大相径庭。罗斯说，依赖型丈夫最多的指责就是妻子对婚姻不忠，这些丈夫并不是必须要结束婚姻——大多数还是妻子提起离婚。在很多案例中，那些确实对婚姻不忠的女性，她们的理由单纯是出于情感上的。

实际结果就是，无论谁赚钱养家，在所有的婚姻中，女性选择走出婚姻的比例比男性多2/3。但离婚的原因却不是你能想到的那些司空见惯的说法。很少有诸如女人某天醒来意识到她们不再爱自己的丈夫了，或是她们各自成长而失去了共同的价值观和生活方式。

在《赫芬顿邮报》的一篇文章中，记者薇姬拉森就谁提出离婚及原因，写出了很多有趣的内容。她参考了国家婚姻项目的研究结果（之前在罗格斯大学，现在在弗吉尼亚大学进行），其中提到女人并不害怕离婚，因为她们知道离婚后孩子肯定会跟自己一起生活。在州离婚法案中大都倾向女性获得子女抚养权，所以“男性因离婚会失去很多”——不仅仅失去金钱更会失去孩子。婚姻项目研究中也指出：“女性提出离婚比例高，可能是因为男性在家中的‘糟糕行为’所致，例如丈夫比妻子更容易酗酒、吸毒甚至有外遇。”

当我让罗斯给养家女人提些建议时，他强调看管好自己的财务并了解钱财的去向，而不是签署婚前协议。他接触的很多案子就是妻子在外拼命赚钱，却没有时间打理这些钱财，只好让自己的配偶掌管，而自己从不过问财产状况。

当面临离婚时，短期内你就会处在非常被动的境地。因为你突然得支付应急房租和律师费，可是自己都不知道钱放在哪里。经验教训就是，如果你感知自己的婚姻关系不会持久，赶快找位离婚律师商量一下离婚协议。切记这个事情一定要在私下进行。

我也和其他离婚律师聊过婚前协议和婚后协议，所有律师都同意如果女方收入高，那么最好认真考虑一下协议的问题，尤其当你“发现自己州的离婚法案有必要重写了”，这是前文中律师乔恩盖洛的话。

盖洛和妻子艾琳共同经营盖洛咨询公司，这是一家位于加州的财务房产规划公司。盖洛说，如果你在加州离婚，在没有婚前协议的情况下“夫妻共同财产”按照法律必须对半分配，也就是说双方必须分割财产，包括存款、资产，甚至婚姻期间的债务。（夫妻共同财产声明适用于亚利桑那州、加利福尼亚州、爱达荷州、路易桑那州、内华达州、新墨西哥州、得克萨斯州、华盛顿州和威斯康星州）另一方面，大多数州都采用“合理分配”式，法官会考虑很多无形标准来决定分配。

离婚顾问，《聪明的离婚》一书作者戴博拉莫斯科维奇，以帮助别人处理离婚事务为生计。在她的协助下，当事人不会被离婚的复杂法律程序、噩梦般的情绪起落而折磨，也不会承担过多经济损失。她是婚前协议的拥护者，从离婚保险的角度看，这保险可不仅仅为超级富豪们准备。

虽然婚前协议算不上敏感话题，但是它会暗示你不信任另一半。莫斯科维奇强调，进行婚前财产协议商讨时，要将感情因素从对话中剥离，要将此视为夫妻间对于财务问题的讨论。如果想让对话少一些不愉快的气氛，那就要提前跟对方讲，这不是不爱或者不信任对方。这纯粹是站在财务角度上，保护彼此未来财物安全的明智举措。

还有需要铭记在心的是，如果你预料自己在婚后会继承一大笔钱财，或是获得可观的商业收入，而你想让这笔钱保持独立，将其留给上一段婚姻中的孩子，或为了在离婚降临时带走这笔钱，签署一份婚前协议，就可以避免日后那些不必要的麻烦或是走司法程序。

在婚前协议中，列出那些你想保管的有特殊感情的财产，比如家传珠宝，或是其他继承的值钱物品。婚前一方购买的房产，法律上不会认为其自动变成双方共有。若双方共同偿还贷款，对方会认为是双方共有。以防万一，婚前协议中要说明你的房子就是你的。当双方离婚时，即使配偶帮你偿还贷款，也不能因此而拥有该财产的部分股权。

不要根据你现有资产的评估，来考虑婚前协议的利益。若你是个有上进心的女人（鉴于你在读本书，我肯定你是），有很大的理想，希望自己经营公司，或是在未来几年内提升自己的事业。婚前协议可以帮你考虑所有的假设情况。如果你以 2000 万美金卖掉了自己的公司呢？如果你继承了 500 万或是从失联很久的叔叔那里继承了一处海景别墅？预估你自己未来的经济状况，是规划起草婚前协议的重要一步。

即使两人住在一起但不结婚，虽然房子首付是你付的，只要双方一起负担房贷，在有些州还是会将房子视为共有财产①。一旦你们分手，法院可能会裁决你们共同拥有房产所有权，也就是你得请个律师帮你解决财产纠纷。

加拿大也是这样，一般双方搬到一起住，都会签一份婚前协议保证各自的基本权益。其原因是各省（除魁北克以外）最近通过了一项法案就是赋予两年以上的同居伴侣和已婚夫妻一样的基本权利。

例如，双方同居两年及以上的，有资格平均分割共有的债务和财产，但不包括确立关系前的财产或遗产。记得那个来自多伦多的 45 岁的电视制片人兼作家切尔西吗？她最近和一个花花公子分手了，因为她们住在一起后此人帮她一起还贷款，而她担心对方会分得自己公寓一半的所有权。“他想跟我搬到一起住，而我说‘那就签份婚前协议’，他拒绝了，并且立即和我一刀两断。”

需要注意的是：婚前协议不能强制规定孩子的抚养问题（虽然

① 译者注：本章节涉及的法律条文皆根据美国相关法律。

可以规定对方探视孩子的时间！）。抚养孩子的费用由州政府决定。一旦你签署了婚前协议，可以在律师帮助下实时更新抚养费额度。各地离婚赡养费法律改革不断推进，对于经济独立的女性来说除了警醒别无选择。了解你所在州的情况，雇用能够把握行业脉搏、熟知最新变化的专业人士，以便为你准确分析未来财务上潜在的忧患。

起草婚前或婚后协议的内容，要根据你所处环境的复杂程度来定（当然也跟你请的律师费用有关）。你可以支付他们 1000 美金或超过 10,000 美金。莫斯科维奇认为，无论你要签一份婚前还是婚后协议，都要确保其内容公平。否则会更容易引起争议。

债务分清楚

本节主题是债务。从情感上和理性上，我认为应该把个人债务与婚姻分开。但是有时候，在爱情面前，理智没有任何抵抗力。尤其是女人，爱屋及乌，连老公的债务也会一并爱上。

如果你担心对方的债务问题，但是又不想伸手援助——我不责怪你——但是你必须留心并时刻关注对方的债务问题是否解决。如果一方带着个人债务走进婚姻——除非债务写了你的名字——否则那不属于你的责任。

很多人有这种错误的观念，以为随着婚姻而带来的债务理所当然成了法律上共同的债务。不对，只有债务上署有你的名字才是你的债务。即使一方在婚后贷款——不是双方共同签名——债务只属于其中一方。唯一例外的情况是，一方在婚后贷款，该款项“符合婚姻的利益”并且夫妻居住在夫妻共有房产之中。离婚时，法院可以命令双方对债务负责。当然，如果你和配偶共享任何一个账户，而他陷入债务问题，征税人员追踪他就可能查到你们的联合账户……此时就会影响你们两人的财务状况。

害人之心不可有，防人之心不可无。你需要留意你的配偶是否把债务在你不知情的情况下转移给你，比如转移到共同的家庭资产信用额度或是转移到联合信用卡里。那种情况下，即使他发誓是个人承担债务，但你实际上已经为他背负债务，而且根据法律规定你已经认同背负债务。

如果对方有很多个人债务，最好夫妻各自开设账户。每年都要检查你的信用报告，确保自己名下的债务和贷款都知晓（你可以访问 AnnualCredit Report.com 网站免费下载来自三家主要信用报告机构的年度报告）。

另一方面，我也知道一些高收入女性愿意为丈夫偿还学生贷款或是信用卡贷款，以此建立“良好的信用口碑”，目的在于将来他们共同贷款买房或买车时，有资格取得更低的贷款利率。如果你不怎么担心他的债务规模，而更关心他个人财务问题会阻挡你实现自己的财务目标，你就要慎重考虑一下是否为他的债务埋单。

曾经有一个好友跟我说，她帮助丈夫偿还了高达 10,000 美金的信用卡账单，为的是他们结婚后可以申请更高额度的贷款。当听到这些，我差点儿昏倒。我不得不承认，这是很私人而且冒险的决定。好处就是他们两人能够有资格在几年后贷款买一栋漂亮的大房子。

尽快清偿债务

以下是一些策略，可以帮助双方来解决个人债务问题。如果你的丈夫背着债务进入婚姻，无论欠的是几千块的信用卡，还是几万块的学生贷款，你们需要设一个时间表，或许6个月或许2年，在这期间你作为家里的主要经济来源，可以负责日常所有开销以及存款责任。

他用自己绝大多数收入来偿还自己的债务。如果他赚5万美金，他应该将收入的——75%，80%，90%——偿还债务。即使我们说的是6位数字的贷款，以上面的比例偿还，他在几年内也可以还清。你成为了无私“贡献者”，而他在努力做“损害控制”。你只能将此看作是对家庭未来的投资吧。

为什么这个方法要好于你从个人账户写张个人支票到他的沙利美（学生贷款市场协会）或美国运通账户呢？有很多原因。第一，你不会觉得是自己把他“捞”出来的，而让他欠你一个大人情。你也没有把债务混淆。第二，他靠自己的努力还清了债务，没从自己的老婆那里走捷径。对于那些背负债务的人来说，用自己赚的每一分钱偿还债务，是印象深刻的经验教训。这能让他不再陷入债务深渊。

订立礼物原则

作为一个夫妻团队，建立互赠礼物的规则，是对夫妻双方的一种保护。这可以让男方从购买豪华礼品的压力中释放出来，同样也可以让你不必为选购节日礼物耗费大量时间和精力。

或许可以设立一个金额限制，比如给朋友买礼物不超过 50 美金，给家人的生日礼物限额 100 美金。或是挑战一下自己，不花一分钱，将送礼物转变成免费的活动或是远足旅行。或是把买礼物的想法，替换为到海边玩一天，去免票的博物馆参观，或是去郊区野餐。用这样的方式你可以达到预期，又不会因为谁花得多谁花得少而影响情绪。

节日会恶化潜在的负面情绪。从小到大，我常常见到波斯男人为他们的妻子（在众人面前）挥金如土，赠送宝石、名车和其他锦衣华服。理性思维告诉我，那不过是作秀。但非理性的思维——那一面有时会蒙蔽我的判断——有时暗暗希望自己也能成为那个珠光宝气的妻子。至少在每年的圣诞节能体验一次。

因此我们决定只有在重大节日，才交换大礼物，比如结婚纪念日、圣诞节等。其余的节日，我们会相约出去吃个烛光晚餐，或者看场电影。

悉心照顾父母

如果他想资助生病的父母，而你是家里主要的经济来源。你会同意吗?

说句心里话，作为已婚人士你必须接受。结婚不仅仅是两个人在一起生活，你还进入了一个更大的家庭，多了一对父母，可能还有兄弟姐妹。

结婚后你们算是一个大家庭，如果有人需要经济资助，那么夫妻认真对待。如果你丈夫想要为父母在医药开支或是护理上提供帮助，你们需要举行家庭会议，全面讨论，包括金钱和其他方面，你或许可以为亲人提供资金帮助,同时也要考虑让其他兄弟姐妹参与，齐心协力渡过难关。

如果你预见到将来在经济上需要资助某一方的父母，那就早做准备。设立一个单独账户，以备“将来”紧急之需。只有现在做出预算，将来才不会影响其他家庭规划的资金，比如孩子上大学教育金、夫妻养老金等。如果因某种原因，你老公想要从预先分设的紧急账户中支取更多金额，你完全可以拒绝，让他自己想办法凑钱。如果账户里有 5000 美金而他想要给父母 15,000 美金，他应该从自己的备用金里想办法凑出 10,000 美金来。

如果遇到紧急突发情况怎么办?任何一方父母突然遇到危及生命的疾病该怎么办?那我就要说谁的钱已经不重要，作为配偶你要尽自己最大努力为家人提供帮助。我自己的理财顾问——已婚有两个孩子——曾打算将自己的房子出售，来为她妈妈突发的癌症治疗筹集资金。她说最终保留了房子，原因是她母亲走得太快了。

将你的父母列入家庭理财的计划中，帮他们制订计划并且为其年老后的事情做准备。这可以避免需要紧急资金支持的时候手足无措。以下有 6 条建议。

马上行动。即使你的父母现在很健康，但是时间不等人。越早和他们一起开诚布公地讨论，他们就能越早为自己的将来筹划。与父母谈钱可不是个轻松的话题，无论你是 25 岁还是 65 岁。如果一位家长生病或是不能自理，那就更需要尽快商量这件事。

说出想法。作为父母，他们或许不想要详谈自己如何打理钱财或是他们有多少收入。我不想粉饰此事：这可能会很尴尬。但要做个勇敢的人，如果你感到父亲或母亲或双方都抵触的话，首先要明白他们的犹豫或许来自根植内心的旧有观念。他们可能很想要也确实需要你的帮助，但他们太过害羞或傲娇无法向你承认。但无论他们是否意识到这些，他们的年龄确实潜在地影响到你谈话的方式。

我朋友迈克尔，自己经营一家小公司，当他跟父母聊起这个重要话题时就不大成功。回头来看他意识到自己的方法不当，他的父母对自己的财产看得非常紧。“我开始和他们谈房产时笨嘴拙舌，‘你他们对此有什么打算’。他们看着我好像我疯了似的。‘我们打算住在里面’，这是我得到的回复。当我向他们施加压力，他们开始抵挡。我就撤退。好多次不同方式的开始都是这样。最终他们让我进入他们的世界，感谢我没有放弃。”

求助手足。你或许想找兄弟姐妹咨询，或是关系近的亲戚帮忙，为你和父母的谈话破冰。当然，你不应该在感恩节晚餐上，突然抛出这样的话题。但你要明白你们是一家人，要表达的是彼此的爱、支持和关心。可以尝试先抛出退休计划的话题，这可能会让他们明白：让自己的孩子清楚他们的打算是件很重要的事情。

充分准备。美国退休人员协会提醒你，请从父母那里收集好以下财务信息以防紧急情况发生：

- 银行账户和密码。
- 与财务专业人士如会计、律师、代理人的合同信息。
- 每月账单和支付方式清单。
- 保险单据。
- 退税单据。
- 信用报告。
- 医疗报告和医生联系方式。
- 房产规划文件和地址。

给足空间。记住，父母仍然是成年人。虽然他们最终会克服障碍，向你公开自己的财务状况。对他们来说很重要的一点是，即使你帮他们，他们也仍感觉自己有选择权。你的角色主要是提出问题，提出各种假设情况比如残疾或是住院治疗，而不是命令他们做什么。正如我朋友迈克尔提醒我的，无论孩子多大年龄——父母总是更擅长告诉孩子该做什么。

查询免费资料。如果对家庭财务有疑问，可以向第三方寻求帮助，查询免费资料。

像 AARP 财务管理项目（www.aarpmmp.org）和美国老年人委员会（www.ncoa.org）都会为如何与父母沟通或为父母规划提供很好的指导。当然，如果你的父母有私人律师、保险机构，或是金融顾问，你也应该询问他们是否有很好的建议。

保险怎么买

作为女人，为家庭做长远规划是你的职责。如果你是养家女人，制订家庭保障计划更是责无旁贷，比如保险计划。伤残险对夫妻双方都很重要，一旦不能工作的话，对于家里的经济会产生很大的威胁，这个保险对你们都是必需的。

我和蒂姆刚结婚时，就联系了一家保险机构帮我们购买了各种保险。人寿保险相对而言容易购买。但对我这样一个自由作家来说，买伤残险还是相当有挑战的。就我的个人情况而言，我找了六七家保险公司，才有一家愿意为我保的。像许多自由记者和作者一样，我被认为是“高危”客户，不仅仅因为我经常出差，还因为我工作的性质，就是写作。显然保险公司害怕一名作家会到媒体上对自己发表不满和抱怨，那么他们就得不偿失了。

购买保险要广撒网，了解各种保险政策。你要知道每家保险公司都有哪些不同的潜规则，找一个熟知各种政策和不同类型保险公司的代理还是有用的。

咨询专业人士

为将来制订财务计划，除了夫妻双方慎重考虑外，还要寻求专业人士的帮助。如果你老公说他要管理退休账户和大学储蓄基金，可以。但要确保他很喜欢做这件事并且很擅长。否则，请个金融专家就很有必要了。这可以避免你老公的理财行为引起你的不满，而引发的矛盾和口角。

注册金融理财师（CFP）。寻找有资质的理财师，可以从身边的朋友、同事和家庭成员那里寻求推荐，由身边人推荐的一般比较靠谱。了解每位备选理财师的背景，确保他们在 CFP 委员会（注册金融理财师标准委员会；网址 www.CFP.net）都有良好的口碑。你也可以查询他们的从业记录。还有一些组织的网址，如个人财务咨询师全国协会（www.NAPFA.org）和财务规划协会（www.FPAnet.org），都可以帮助了解 CFP 的业务。

信托规划师。他的职责是要为你的个人利益最大化做出努力。信托规划师会从接管的资产中抽取 1% 到 2% 作为报酬，这取决于你交给他的资产有多少（资产越多费用比例越小）。有的信托规划师收取佣金，例如从卖出你的特定理财产品（基金或年金）的收益中抽成。我不是很喜欢这种信托规划师，因为该激励机制很难判断他们的行为是否为你的利益最大化考虑。

注册会计师（CPA）。在你寻找 CFP 时，可以看看那些推荐名单当中是否有人同时也是 CPA。根据 Accountant.org 网址数据，专业注会人员为你整理账目每小时收费在 25~50 美金。若要更多服务，如税收和投资计划及执行，根据你要求的范围收费每小时为 150~400 美金。一种减少开销的方式是找一个比经理或创始人职位低些的人来帮你。CPA 可以帮你节省时间和花费，也可以处理你每月的收支账目。可以通过国家会计协会（www.nsacct.org）和美国注册会计师协会(www.aicpa.org)来找寻你附近的注册会计师。

法则四：简要概括

- 当处理意外开销时，如买份特别大礼，为婆婆支付医药费或是给你妹妹一笔钱作为她公司的启动资金。首先问问自己如果你和丈夫换位，他会怎样做。还要切记，帮助别人的前提是自己能承受得了。
- 每个养家女人都值得慎重考虑一下婚前协议或婚后协议。
- 对于婚前债务要做计划。没有什么放之四海皆准的公式，但你需要适当妥协以满足公平公正。如果你们不能就此达成一致，寻求专业帮助。
- 为购买礼物设定标准，包括金额、节日以及人员。
- 为你将来照顾年老的父母及对方父母做好财务计划。尽量在双方父母生病或不能自理之前，就这个棘手的问题展开讨论。
- 你有能力时为自己买一份人寿险和伤残险，可以聘请注册会计师和／或金融理财师帮自己做未来计划。

chapter 5

黄金法则五：解密男性思维

家庭财务决策涉及多方面问题，你不光要懂得财务管理的基本知识，还要学会处理因财务问题给家人（包括自己）带来的情感问题。首先女性自身就很容易在处理繁杂的财务事项时，变得烦躁不安，甚至生气愤怒。养家女人在外拼搏，丰厚的薪水是对她们事业的认同，但是在家里不管你处理多少财务难题，都很难获得赞美和回报，因为这是你自己的家庭。

当我们走进婚姻中，收入很容易成为衡量彼此的价值和尊重的尺度。不可否认“职业”一词对判断人是有一定分量的。我们对此都很熟悉，比如一些声誉良好的职业收入虽低，但有很高的社会认可度（比如教师、消防员、护理人员、木匠）；而有些工作（像兼职咖啡师、卡车司机、私人教练、售货员）可能收入不菲，却会被低看。“工作”有时与收入不会完全匹配。

身为女人，我们都希望能夫贵妻荣。但是现实情况是，在一些场合，比如同学聚会、同事聚餐拼老公的闲聊中，老公事业平平的女性就会觉得很尴尬。那是否存在这样的女性，个人事业风生水起，在外还能罩着老公？是的，我的一个女性朋友是名保险精算师，她和做巴士司机的丈夫结婚25年以来，一直相濡以沫。

如果女人养家，那么如何评价男人在家庭中的付出和地位呢？同样的，工资和家庭责任心不能等同。作为赚钱更多的妻子来说，更要铭记的是你的另一半在经济以外的方面也一直努力做着贡献。

关键在于你要通过一条简单的策略，来平衡好情感世界：了解男人的思维。

时间就像是发酵剂，两个人相处越久，就越会彼此了解，了解对方的优缺点、思维方式，他的一举一动、一颦一笑，你都能明白其中的含义。夫妻间的家庭生活更加和谐、步调一致。

48岁的瑞恩和46岁的妻子茱丽亚，结婚21年，家庭生活默契恩爱。虽然他们的工作和收入存在巨大的差异，瑞恩是一名校车司机，年薪只有1.1万美元，而茱丽亚则是一名退休保险精算师，年收入高达9.2万美元。

刚结婚时，瑞恩在一家电力设备公司工作，薪水比现在高一些，但是比起妻子，还是相距甚远。妻子一直是家庭收入的顶梁柱，之后他们花了8年的时间彼此了解，终于夫妻生活步调和谐，才要孩子。

当他们的大儿子上一年级时，瑞恩成了全职奶爸，后来女儿也上了幼儿园，他成为了一名巴士司机。当初孩子很小的时候，周围的男同胞们不停地询问他："你什么时候回来工作？" 当他解释自己是全职奶爸时，很多人很诧异："哦，那你是保姆吗？"

瑞恩和茱丽亚都是那种大大咧咧的人，对于收入的差异没有多少不满和纠结。他们的钱都放在一起，瑞恩是位称职的家庭财务保管员，他负责支付账单和投资理财。他们都属于勤俭节约型的，从不乱花钱，要孩子之前，努力还清了房贷。

二十年来，瑞恩赚钱一直比茱丽亚少。他已经很适应并且习惯了这种女高男低的生活，只是希望社会对他宽容一些。偶尔他也会隐隐地感叹自己没有一技之长，不能在职场呼风唤雨。每当这时，他会提醒自己，除了金钱，自己对家庭的贡献无可比拟。他对我说："所有的工作都有价值，对于家庭，金钱只是回报的一种方式而已。"

这是真理一般的警句。希望每对夫妻都能牢记。这不仅能够避免夫妻间在财务方面的分歧，更能促进双方的互相理解。夫妻关系中双方对彼此的看法和评价，决定我们是否能成功经营好这份感情。能像瑞恩和茱丽亚那样配合得天衣无缝，实属不易。从他们的婚姻中，我们可以得到启发，不论传统的婚姻生活是什么方式，只要找到适合我们自己的就是最好的。

女人的思维方式和男人截然不同，因此了解男人的思考方式，或者说从他们的立场和角度去解读一些问题，可以避免很多不必要的误会或者家庭战争。

男人的供养者角色

两性关系专家艾莉森·阿姆斯特朗一直致力于研究女性如何在夫妻关系中发挥积极作用。她教给女性如何正确解读男人的语言，如何与他们进行顺畅的语言沟通。她认为，由于性别不同，男性对于自尊、信任等的认知不同于女性，因此了解男性的认知方式，有利于夫妻间建立长久、和谐的关系。

阿姆斯特朗曾接触过数以千计的夫妻，并帮助他们改善夫妻关系。她发现，男人其实并不排斥强势能干的女人。

阿姆斯特朗提到，养家女人很容易对男方产生抱怨和不满，进而从情感上与之疏离，最终可能导致两性关系的破灭。阿姆斯特朗研究发现，如今的女性逐渐与男人形成一种对抗型的关系；女人总是对自己的男人指指点点——无论女性是否意识到——这可能给他们带来致命打击，潜移默化中摧毁了他们的自我价值感。

生活中，女人习惯于对男人唠唠叨叨、抱怨不满，听不进对方的话而喜欢打断对方的讲话，毫无保留地指责对方，“没出息”“没本事”一类的打击性语言脱口而出。如果这种消极的语言行为落到女人自己头上，恐怕也会难以承受。但是女人却自以为是地认为，自己这么做都是为了他好。

女人总是试图去改造男人，按照自己理想的男性模型去改变身边这个活生生的男人。阿姆斯特朗提醒女人，应该依照他们本来的样子对待他们：家庭的供养者。即使女性在家庭中已成为经济支柱，但那不意味着男性在其他方面的贡献就没有价值。“如果他做的任何事（经济上或其他方面）你都能真正看成是最重要的事，在两性关系中他将会成为真正的供养者”。

不要让你的金钱和权力对等的意识，掺杂到家庭生活中。

阿姆斯特朗指出，作为女人，我们偏向于认为金钱决定话语权。换句话说，谁赚钱多谁就是一家之主。这样的想法是极其错误的，而且是相当危险的。一些女性一旦成为家庭的供养者，就认为自己大权在握。“由于男人赚钱养家，女人（在传统关系中）忍受着丈夫所做的决定。但男人否定某事与女人完全不同。他们拒绝某事的原因是客观的，为了保护自己或者家庭的安全。比如他拒绝周五晚上出门看电影，因为他要保护自己的精力，他太累了。他拒绝在后院建个游泳池，因为他觉得那是不必要的花费而且浪费退休基金。如果女人认为权力由金钱决定，那她就会深陷麻烦，而且还会拖累自己的丈夫。”

有鉴于此，阿姆斯特朗提出了一些建议：“一个养家女人，首先要明白她赚更多的钱给她带来什么权力，她能从中获得什么。她要明白自己赚钱的意义在哪里。”我认为这是非常好的建议。在我们强迫另一半做事之前，我们需要想想，我们自己的期待和特权是什么。

不要做管家婆

有时对于养家女人来说，很难信任自己的男人，尤其当他们在财务上失策而又急于证明自己的理财能力时。我认识的一个男性朋友就说：“让我最觉得没面子的事，就是在商店购物时，妻子对我选购的物品持异议。当着众人的面，我得向她澄清购买理由后，才能结账。”

这是 38 岁的梅森对生活的抱怨之词。他妻子阿什丽，35 岁，掌管着家里的财政大权，甚至包括梅森自己账户的钱。她每周只给梅森很少的零用钱，也就够购买家用杂物和加油钱。

说到管家的事，阿什丽有点气愤地说：“以前是梅森管家里开支，但是有一个月梅森账单没付清，他还私自从借贷卡中透支了一大笔钱，整整 700 块。”

梅森颇有点难堪地说：“我的确不擅长理财。而且我很容易感情用事，把事情搞砸。”

看得出他们最近的财务状况非常糟糕。梅森在管理财务方面缺乏信心，阿什丽当“管家婆”有点力不从心。她原本只想一心在外赚钱，可是对梅森缺乏信任，所以家里家外都得担着。她说：“我感觉像他妈妈，一个掌控所有财务大权的‘小气妈妈’。我时刻得盯着他，不能让他乱花钱买东西。”

解决办法？建议他们两人要各自设立单独账户，各自管理自己的资金，同时为共同开销设立共用账户。

男人的责任感

多年来阿姆斯特朗一直致力于研究两性关系，她承认增进夫妻的和谐关系相当不易，但还是希望能帮助更多的家庭走出困扰。

一些女性认为，钱是家庭生活中最重要的因素。那么在女性养家的两性关系中，老公的地位就会变得逊色。如果妻子不以挣钱多少来权衡男人的地位，只是把老公看作家庭的供养者，这样的家庭必然会和谐发展。

“责任”这个词在阿姆斯特朗的概念里是很重要的。在她看来，我们需要男人对家庭有责任心，而不仅仅能挣钱。在阿姆斯特朗自己的家庭中，她是家庭的经济支柱，她的丈夫负责管家。她说很感谢丈夫每天去购买日用杂物，让她有时间与客户约谈。她丈夫将管理家务作为自己的责任，他要确保妻子和孩子晚上回到舒适整洁的家，可以吃上美味的晚餐。这种责任感与金钱难以匹配，但是确实让管家的男人更有自信和自尊。

很多女人有一个坏毛病，下班回家后对家务活指指点点、挑三拣四、横挑鼻子竖挑眼。总之，就是觉得自己在外辛苦赚钱养家，他在家优哉游哉看电视玩游戏，连最起码的家务活都干不好。这种心理源于女人内心的不平衡，如果真的觉得男人家务活没有做好，你可以很直接地跟他说：“厨房的垃圾桶早晚都应该清理一次。”男人是理性的动物，一旦他明白你的意图，他会很乐意把事情做好。

正如阿姆斯特朗的观点，男人只想做对自己女人重要的事情。实际上，她坚定地认为我们可以用直接说明的方式而不是拐弯抹角的批评，男人会更容易接受。

金钱与权力的纠结

每个养家女人，每天要面对三个现实问题，性、金钱和权力。说金钱决定权力，这是老生常谈。无论你多么努力逃避，这就是你不得不面对的事实。就家庭来说，金钱影响着你对配偶的态度，也影响你们之间的关系，比如性生活的频率和满意度。

在第三章中我建议养家女人们卸下家庭 CFO 的职务，学习将财务决定权交给老公。我知道这说起来容易做起来难，但对于所有的能够鼓励老公自信的方案，这个怕是最有效的了。

布拉德·克朗茨说，男性失去财务决策权，会让他感到自己被阉割，让他觉得自己性别缺失。即使对于那些不喜欢管钱的男人来说，至少要多询问他或是鼓励他参与其中——就像当你的老公赚钱养家时，他也要询问你的意见一样。

反过来说，当女人赚得多，她就开始大包大揽，独断专行，对于家庭财务自己说了算，完全不理会男人的态度。她心里想，既然我赚钱养家，为什么还要看男人的脸色。这必然会影响到你们两个人的感情。

男人将金钱看成是身份的象征，如果自己的收入没有老婆的高，面子上就会挂不住，影响到他的自尊和自信。因此，不让男人掌握财务大权，简直就是抹杀他的自我价值。

堪萨斯州立大学家庭和公共事业研究助理教授克里斯蒂·阿齐来塔说，收入低的男人会感觉老婆对自己是一种威胁，甚至会对此表示嫉妒。她说："嫉妒会通过一些行为表现出来，如控制欲望增强（买昂贵的东西），情感上疏远（假装干活，不理会妻子），挖苦讽刺（你又买了双高跟鞋，这鞋的价钱够咱们还房贷了吧？）。这些行为长期可能会导致男人更加沮丧和焦虑。"

问题就是：我们如何避免让配偶对家庭财务不管不问，或者只是一个可有可无的角色。即使他并不介意，但是长远而言，那可不是对于真正伴侣的定义。如果一方只是在点头的话，你不可能经营好一份感情。

我的朋友黛娜也是个养家女人，她和库尔特的婚姻生活很幸福。在我开始这个话题之前她中肯地说出了自己的经验：“我不论大事小事总是喜欢询问老公的建议。即使我知道答案，如果他没给建议，我也会和他一起讨论。即使我最终坚持已见，他也会感觉自己的想法被倾听，这对男人很重要。”我采访过其他女性，也分享过类似的经验。

无论家里的大事小事，尽可能要让老公和你一起投入其中。即使你有能力解决问题，也要和老公一起讨论，让他感觉被需要。对男人来说，在家庭中受到另一半的尊重，才有存在的价值。确实，反过来想：如果他是养家的那个人，而一直将你排除在外，你会感到没有自我价值感，不被欣赏，甚至不被尊重。

两性关系专家玛尼巴蒂斯塔认为，经常向老公寻求帮助（即使你不是真的需要），是讨男人欢心的好办法。她经常提醒那些高收入女性，要在两性关系中展现她们的“女性魅力”或“女性温柔”，老公就会感到自己很有男人味而不关乎钱的问题。这些可能体现在一些绅士风度上，比如下车前他为你开车门，出门前他为你披上大衣。

对于那些职场女强人来说，这可不像听起来那么容易。巴蒂斯塔发现，女性有时候会错误地把“女人味儿”和软弱联系在一起。她说道：“女性缺少女人味，就像是流行病一样，即使她们是养家女人或是经济上很成功。如果我寻求帮助，我就是软弱的，软弱是不好的。这和容易受攻击是联系在一起的。”

如何克服女强人综合征呢？据巴蒂斯塔说：“如果你正处在艰难之中，就应该让他帮助你，或展示其骑士风度，因为这是最容易让男人感到自己有男人味的做法。” 她将一个自称为康斯坦扎的小技巧教给女性，这个名字起自美剧《宋飞正传》，简单地说就是总是根据你下意识相反的方法做事。“如果他说‘我可以把我的外套给你披上吗？’原本你心里不想要，但是你要说‘是的’。并站在那里让他打开门。这招很管用，屡试不爽哦 。”

我建议，如果你是一个养家女人，那你必须要走一条适合自己的家庭之路。简单地说，相比男主外女主内的普通家庭，养家女人为了家庭的稳定，要付出更多的努力，需要花更多的精力关心老公。

我知道这看起来可能不公平。但作为高收入人群，这就是我们的游戏规则。

不要安抚过度

我们知道男人都好面子。从社会历史角度说，男人以能为妻子提供衣食富足的生活，能为家庭赚取更多的收入而实现自我的满足感。然而当女人养家时，男人失掉了那个传统的供养者的角色，那么妻子应该肩负起安抚伴侣的责任吗？与其等着妻子的安慰和安抚，难道男人不应该重整旗鼓，勇敢迎接这种新型的家庭生活吗？

对于这类家庭情绪问题的处理，我再次咨询婚姻家庭治疗师克里斯蒂・阿齐来塔，她还是位家庭财务咨询师。从业几十年来，她见证了各式各样的家庭。她说，当男人因为收入低于配偶而感到自尊心受损，女性应该给予他心灵安抚。但是安抚到什么程度，就需要谨慎把握尺度了。不要把安抚变成了母性泛滥的溺爱。

阿齐来塔接着说“答案不是一劳永逸的”，通过分析大量的案例，她提出了一个更有建设性的意见。对于低收入男性来说，他们需要的自我情绪安抚，不仅仅是语言上的宽慰，更重要的是妻子在家庭决策中做出的让步和妥协。两个人只有诚心诚意地表达各自的意见，才能圆满地解决问题。

需要小心的是，对于男人情绪的安抚，不仅会让他保持自尊，还会助长他的自负，这对于夫妻关系是致命的伤害。一个男人对自我的关注多过其需求是很危险的，要小心这种被关注的需求可能会变成恋母情结。由于女人们天生的母性，可能无意识地扮演起母亲的角色。

生活在纽约的爱情指导专家克薇塔·帕特尔，曾经一对一辅导了数以百计对自己的爱情生活不满的女性，其中也包括像谷歌、亚马逊和微软的高管。她认为，男人可不像女人那般喜欢接受恭维和照顾，所以过多的表扬或是“妈咪型照看”会毁了你良好的初衷。

她说：“如果你对待老公像个孩子，你像妈妈一样照看他或是抚慰他。你将他保护得严严实实，最后得到的将会是一个忍辱屈尊而没有男性尊严的老公。”更严重的是如果一个女性无时无刻都要去抚慰老公的自我感受，那么他遭受挫折痛苦的感觉会不断涌出来。一旦这样的危险循环开始，挫折沮丧情绪的爆发就会破坏双方关系，甚至会加大彼此的分歧。不仅如此，这个裂痕可能是因为小问题产生，但是它会渗透到关系的各个层面，比如做家务的职责，教育孩子的方式等。

帕特尔提出了另一个迎合男人思维的明智建议："问问他对某事有什么看法，不是他如何感受。" 这之间有着细微但是巨大的区别，对于男人来说他们不靠主观感受而是靠理性思考行事。他们更愿意回答，你对此有何看法，而不是对此你感觉如何。

我一直希望能找到一个标准答案告诉女性给予多少安抚就算越界。经过这些年我对夫妻关系的研究，以及与众多专家交流后发现，除了要尊重男人的思考方式外，养家女性要主动让男人参与家庭事务管理，而且每对夫妻都应该找到适合他们做财务决定的模式。

虽然我在第三章已经讲过了，但因它与我们安抚男人的自我感受相关，我还需要在此重复一下。即使你的购物清单已经列好，家庭预算已经心中有数，账单已经付清，你还是需要和老公一起商量做最终的决策。这不是形式上的公平，为的是尊重对方的意见。两人收入差异越大，就越需要男人投入到财务决策中。

夫妻双方共同决策

研究表明过去的一家之主通常是赚钱养家的那个人，管家的妻子所做的财务决定都是从家庭利益的角度出发。而最近调查结果显示，家庭财务的最佳处理方式，不是从家庭利益出发，而是让夫妻双方都满意。换句话说，如果妻子决定做银行理财而丈夫更想花钱翻新房子，那么同时满足双方的需求就能让彼此都开心。

所以与其想方设法让男人参与决策，来满足他们的自我需求，不如设法在财务决定上让彼此满意，这更能促进两人关系。那些令人满意的婚姻都在向我们提议，要做对彼此有益的事。这不关乎谁做了什么，这不关乎性别或是收入。一旦夫妻在个人收入基础上建立了账单支付的原则，剩下的就是在责任划分的基础上平衡财务决定权了。

我还要补充一点，如果女人是养家的那位，你老公期望你来掌管家庭财务大权。那么你需要做的就是打开账目清单。说明白点就是，欢迎老公随时查看你的账户。我在前文中提到了，要做到在线透明。这不仅是表达对老公的爱意和信任，万一你受伤或是生病无法支付账单（我说的是万一），你老公可以登录并使用你的账户，这才是重点。即使你对许多支出都设置了自动还款（我也希望你这样做了），将经济事务交给他管理，也是很重要的，因为这也是他的事情。

讽刺的是，如果你在想生物进化论什么的，人类文化可比动物大脑变化快多了。在繁育后代方面，男人需要成为第一，为的是更具吸引力。女性的目的就是生殖繁育。社会和我们的前额皮质在进化，而我们低等的动物大脑却落在了皮囊之后，卡在了“我的现状意味着什么？”这样的问题上。——布拉德·克朗茨

寻找自己的婚姻之路

世界上最艰难的事莫过于说服自己。我们生来所具有的特

质——生理上和心理上——都基于我们的性别，这是无法改变的。我们的思维方式决定了行为方式。站在科学和人类学的角度来说，很多人认为女性生理上想要与最优秀的男人结合，就跟男人想要寻找有魅力又顺服的女人传宗接代（或按照生物书上所称叫“受精”）一样。若性别角色调换，却没有为两性关系考虑周全的话，男人会感觉被贬低而女人也会抱有同样看法。这时男人就会选择逃离，或许就会陷入婚外情。另一方面，一个养家女人可能会去寻找男二号而偏离正轨，因为她错误地认为老公会离开她。

对于夫妻关系，布拉德·克朗茨有着独特而深刻的见解。他认为夫妻双方在内心深处都想要保持传统性别角色，他们在做很多决定时都是无意识的。当男女性别角色严重颠倒，男人和女人都会丧失吸引力，这听起来可能很肤浅，但这就是真实的生活。我们大脑中留存的对食物、水和性为驱动的低等需求，无法适应 21 世纪角色的逆转。我们的情感和行为可不是更新技术就能控制的——我们甚至会因为那些下意识的反应，如陷入婚外恋，进而摧毁了两性关系。

当女人在外赚钱承担家计，男人退居家庭管理家务，面对社会对家庭的指指点点时，该如何打赢这场婚姻保卫战？首先，这点听来很熟悉，那就是从转变思维方式，把家庭看作一个经济实体开始。不要把关注点停留在谁赚得多谁赚得少上。家人应该将所有收入看为“我们的钱”，而不是理所当然地将各自赚的钱看为彼此“分享”的，这更多是由思维模式决定的。

当夫妻二人的经济角色颠倒，又无法克服双方对传统角色身份的认同，他们就很容易走到离婚的边缘。此时有两个选择：一是挑战传统思维模式，二是鼓励男人多赚钱。这可能需要一些专业咨询。

经济和情感的平衡，在两性关系中一直是相对变动的，尤其是一方特质属于高风险型。如果你不爱你的角色，那就改变！“为了彼此不怨恨对方，我们需要不停地寻找平衡点 。”一个比自己老公工资多出一倍的博主写道。“我总是不停怀疑，真的。我们没有现成的夫妻模式可供借鉴，我和老公一直提醒对方，周围人的非议不要紧。”但我们都知道这很要紧。

当出现新的财务状况需要你重新考虑支付计划时，你要马上行动修订计划。当夫妻出现争论，那就暂停谈话，反省自己，调整好自己的情绪。当你控制好自己的计划和思维后，你还要搞清楚自己想从配偶那里得到什么。

对我来说，写作是一种宣泄；当我抓狂或是沮丧时我就组织思想化为文字（经常是在我清洗厨房或是收拾衣橱里的鞋子时）。所以，在我没有表达我真实想法或是说完一会儿就会后悔之前，写作能让我明白自己的真实想法。

之前我提到，大量调查显示，很多女性对于自己赚得多会有愧疚感。正如心理专家所说，女人在经济上对男人的依赖“是不会失去任何吸引力的”，另外，即使我们想要在履行自己的经济角色时，却因自己在情绪、需求和欲望上的困惑而责备自己，这是性别驱使的结果。养家女人的DNA也不想让她在夫妻经济关系中处于上风，然而我们逼着自己成了那样——结果就是我们与自己低等的大脑展开了一场斗争，我们在痛苦中想要维持旧时代里男耕女织的习惯。

某种程度上，生活在现代社会的我们，思维里还是用着远古的工具打猎采摘。如果我们至少承认这一点（无论这听起来多么难以接受），那就是从基因上来说我们就是依赖男人的，但我们可以很好地应对角色的逆转以及期望的混杂。意识本身就可以让我在这个新的经济秩序中茁壮成长。

我在第三、四、五（三个）法则中从经济和情感角度谈了很多。但在当今环境中，还有其他的因素也对婚姻有影响——最实际的问题，如打扫屋子、清理厨房等。家庭中谁来负责这些烦琐的家务事最合理？

凯瑟琳是一家小公司的女老板，她在孩子年幼的时候就搞定了这个问题。在某个美好的一天结束时，她问自己："我能采取什么办法让自己不用操心家务事呢？"很快她就雇了一个清洁工一周打扫一次。这花费不少，但对她来说不同在于把自己的心情从烦躁中解放出来。凯瑟琳承认如果她不雇个钟点清洁工，真不知道是否还能维持婚姻。"起初我老公反对我的想法，但我坚持了下来。"她告诉我。

她认识到期待自己的老公完成所有家务是很荒谬的，而她自己工作繁忙，根本无暇应对。"他把盘子扔得哪里都是，把脏衣服丢在洗衣房的地板上……这让我很生气但我一个字都不说。"清洁工就可以把这些问题解决掉，我内心的负担顿时消失。

若你是个养家女人，让我们开始计划清除游戏中的下一个障碍：搞定家庭内部一切问题，让大家都开心。

法则五：简要概括

◆ 在平衡情感的领域，无论在经济上或是其他方面提出的建议，要遵循彼此欣赏、互相尊重的前提。

◆ 作为一个养家女人，你要在开销收支上设立规矩的话，一定避免专权。尽可能民主，避免变成经济保姆，永远不要因自己收入丰厚而在家庭中独断专行。

◆ 金钱能给予你的权利，你都可以自己去争取。你的老公可以给予你金钱之外更重要的东西。

◆ 要了解男人的思想，明白男人想法的不同之处和他们行为（或是不行动）背后的动机，这将会在与他们沟通当中给你很多帮助，让你能够直接正确地安抚他们的自我情绪。

chapter 6

黄金法则六：甩掉家务负担

在外是女强人，在家当管家婆，这样的女人纯粹就是自虐。你既然收入不菲，为什么上班累个半死，下班还要操心晚餐，挤时间打扫卫生？不幸的是，很多女性觉得家里这点活，是自己分内之事，花钱请保姆太不划算了。总觉得找家政服务、叫外卖，虽然省时省力，可却花了冤枉钱。

女人可悲之处就是爱操心，什么事情都爱揽上身。研究表明，收入越高的女人，和丈夫比起来，做的家务就越多！最令人讨厌的是，当女性收入高过老公，最累的家务活反倒是女人来承担。男人一般陪孩子踢踢球，去超市做采购，割割草而已。而女人要负责换尿布、擦马桶、拖地、洗衣服、收拾房间。放眼全世界各个国家的女人，大概都是这个模式。对全球 32 个国家的调查中，很少有男性负责洗衣服，其实这是最累的一项家务活。在做家务和育儿过程中，如果是轻松、省时省事的工作，那么男女承担比例的区别不大。

一旦荣升孩儿他妈，负担就更重了。带小孩的夫妻虽然家务增多了，但是夫妻在家务上的分配反倒更不均匀。最近在挪威和瑞士的调查（两个国家在促进性别平等上的努力都堪称其他国家学习的榜样）研究发现，无子女的年轻夫妻基本是共同分担家务，有了小孩后，能够共同分担家务的比例减少了27%。

难怪家务活被称作是女人最后的一个战场。在劳务分配上，夫妻分担不均的现状仍旧凸显。职场上，女性为自身争取了很多的权益。但在家庭，女性的状况并没有很大的改善。2008年美国一份调查表明，女性收入中每1000美元，就有17美元是用于打扫、洗衣和外出吃饭。相较而言，男性增加同样的收入，用于家庭额外开支上的只有9美元。换句话来说，女性收入更多用于这些“家庭开支”。

相比过去，男性在家务上投入的时间增多了。但与女性相比，还是少之又少。这就是许多夫妻在家务琐事上争吵不休的原因，你懂的。因为洗衣、做饭、洗碗、打扫卫生诸如此类的家庭琐事成了家庭矛盾的重要来源。家务事每天都有。你不做，它不会凭空消失，会永远等着你。

牛津大学的社会学家称，想要等到家务平等分配的那一天还需要80年。这么说来，女性的家庭革命真是“路漫漫其修远兮”。

精神科医生哈里特·巴本海姆（Harriet Pappenheim）和金妮·格拉芙（Ginny Graves）称，职场女性甘愿承担更多家务，源于一种亏欠的心态。事业上的成功让她们对家庭产生亏欠的心理，所以愿意承担更多的家务，想以此作为一种弥补。（正如第一章中提到，研究者称，妻子事业成功，会让丈夫有一种“压迫感”，为了缓解这种状况，妻子愿意承担更多的家务。久而久之，妻子肯定会厌倦这种下班还要“当班”的生活。这也是女强男弱的夫妻组合离婚率高居不下的原因之一。）又或许是收入比老婆低本来就没面子，还要男人在家分担家务，那岂不是让他更加颜面扫地。而且有些男人习惯了被女人伺候，觉得家务事由女人来做理所当然。

不管什么原因，高收入女性不要让自己累倒，可以考虑通过其他途径少做些家务。许多社会学家、经济学家提出，我们要豁达一些，不要斤斤计较，倒垃圾、擦马桶这些鸡毛蒜皮的小事谁干都一样。一个女人既要养家，又要煮饭、打扫卫生、收拾老公的臭袜子——家里家外承受双重委屈，是很不现实的。

20 世纪 60 年代，诺贝尔经济学奖得主加里·贝克尔 (Gary S.Becker) 曾指出，当女性一旦意识到自己的家庭责任重大，孩子和一大堆的家务在等着她，她很有可能在事业上做出让步，腾出更多的时间来照顾家庭。女性为什么选择当教师，而不是去学医，或者当工程师，这都是有原因的（不管是过去，还是现在，这种现象都存在）。女人一旦有了孩子，在事业上很可能不再愿意做“拼命三娘”。但是，如果家务成为女人荒废事业的原因，似乎太不值当了。为此，女权主义的先驱们一直在奋斗着。

因此雪莉·桑德伯格（Sheryl Sandberg）认为，有个会下厨，不怕脏，愿意扫厕所的老公是件很赞的事情。正是如此，2010 年有一篇题为“家务已成为学术问题”的文章。文章称，大学应该为女性教授增加更多的津贴，减轻她们的家务负担，从而投入更多的精力到学术上，提高她们的研究成果。

芝加哥大学教授贝克尔表示，正如加拿大《环球邮报》中一篇文章所说：“夫妻家务劳动分工仍然是一个主外赚钱养家，一个主内‘生产’——也就是说夫妻双方决定谁留在家，或者谁更适合处理家务事。”所以，就像是家里安排谁负责理财一样，看谁善于处理家务，或者更偏重那方面，就让谁来负责。那这样公平吗？当然不公平。但我们追求的不是五五分的家务分配模式，而是要齐心协力，优势互补，共同承担家务。

家务谁来做

南希是典型的养家女人，刚三十出头，职业是银行家，年收入六位数，现住在曼哈顿。现在她是家中唯一的经济支柱。老公大她六岁，名叫麦克，过去的一年半时间一直在努力创业，但仍未见起色，没有任何的收入。

最让她恼火的一件事情就是，平日在家老公从不做家务。他认定这应该是女人分内的事情。南希和我解释道，自己有洁癖。老公就觉得，既然老婆这么洁癖，这么在乎是不是干净，卫生当然由她来管。然而一天工作十二小时之后，南希根本就没精力去洗衣服、擦厕所。所以她请了家政服务公司，每月派人来清洁两次。但是这根本就不够。老公整日在家工作，水槽堆满了要洗的盘子，地板上满是脏衣服，她简直要气疯了。让他解决？“那咱就让家政工每周来一次！”南希回答道，“啊，好呀，钱从哪里来，难道会从天下掉下来吗？”

老实说，麦克可能太专注他的事业，无暇顾及家务事，或者说谁来做家务这件事。他一门心思地只干工作，只是急于想证明自己（也想向南希证明）可以很成功。但是正因为如此，冷落了南希，让她觉得很抑郁、很孤单。有天下班后，南希约我一同去上瑜伽课，她对我说，现在很纠结：不知道该继续和他这样凑合着过下去，还是自己一个人过。现在的她已经进入艾莉森·阿姆斯特朗所说的危险领域。一个女人开始认为“自己一个人过可能会更好”，这可不是好兆头。

阿姆斯特朗说，男人是“单一性思维”的动物。他不能像女人一样，一边做饭，一边收拾厨房，还可以顺带把衣服也洗了。如果他在家办公，那就别指望他会操心家务事了。水槽里的脏盘子在他们的思维里根本和他们扯不上什么关系。所以，如果麦克一心只想着工作，那他根本就没心思来收拾这堆烂摊子。想想男女购物方式的不同或许能够有助于你的理解。说起购物，男人一般是直奔主题，而女人喜欢多走走看看。

由于男女性别差异，让夫妻在家务事上争吵不休。当麦克和南希为家务事斗嘴斗气的时候，他们并没有正确地表达彼此的诉求，而只是传递了消极情绪的信号。麦克一副置身事外的态度，让南希觉得他根本就不尊重她的意见，也不尊重她的劳动成果。而实际上，麦克只是不关心家务事而已。每次南希控诉他没有做“贡献”，麦克理所当然地认为，这是嫌弃他没收入，其实她只是希望他能更有家庭责任感。麦克说每周请一次家政工，南希认为是不把她挣钱辛苦当回事，太不公平。没完没了的争吵让南希越来越恼火。

随着我的深入了解，发现这对夫妻的隔阂其实没有那么复杂。夫妻两人财政分开，家庭基本开支由南希来负责，这可能也是为什么南希觉得对方在这段关系中没出力的原因。麦克现阶段只有一点存款。南希给了他两年期限，希望能对家庭有所贡献。她跟他说，最理想的状况就是他的收入能和她持平（如果没她多），等他们有了孩子，她可以换一份轻松点的工作。（现在她的工作时间是从早上七点到晚上七点。）虽然，她没有放弃工作的打算，但希望能换一份轻松点的工作。她坦白地说："有了孩子以后，不可能持续这种工作强度，继续把他养在家里。"

南希说，麦克内心很受伤。他担心自己辜负她的期望。而南希虽然对设定最终期限有些后悔，但她还是告诉自己要现实一点。恰巧，南希目睹几位同事，离异后独自抚养小孩，除了孩子的赡养费，前夫没有一点经济援助可以提供。毫无疑问，几位同事的经历也影响到了南希。她也害怕，如果哪天离婚了，可能还要支付老公赡养费。

我建议南希开一个共同账户用于支付家政服务的开支。一个干净整洁的家关乎一个家庭的幸福和快乐，麦克必须认识到这点。如果他不想干粗活，那么起码得找人帮忙干家务。我建议南希让麦克也要拿出存款存入这个共同账户，这样找清洁工就不再是一个人的事情。

通过这件事，我学到很重要的一课：不要容忍对方的懒惰，只花自己辛苦挣来的钱找服务公司来帮忙！一个整洁的家，人人有责。南希又实事求是地说道："他在家务上的表现太糟糕了。这根本就不公平。我知道，他对室友都不会这样。那为什么还要这样对自己的妻子？"

夫妻间说话也要掌握技巧。阿姆斯特朗的建议是，南希在表达她的诉求，向老公提出分担家务时，应该少一些责怪和抱怨，效果会更好："大多数男人都不懂，一个整洁的环境会影响到女人对幸福的体验、对爱的表达、对快乐的感受。" 阿姆斯特朗称，女人会把屋子收拾得干干净净，有个整洁的环境，她才能放松下来。如果她一身疲惫，看到地板上散落的臭袜子，她会立马把它先收拾干净。这就是女人。但事实是，男人理解不了，既然都很累了干吗还去管地上的脏衣服。他根本就不知道，要是花钱请人把东西收拾收拾，女人在整洁的环境中放松下来，聊聊天，兴致来了，说不定一段翻云覆雨等着他。

从生理学的角度来讲，和男人相比女人更需要一个有序的环境，是有一定理论依据的。加州大学出版社出版的《极速前进的家庭：美国中产阶级的家庭、工作和人际关系》（*Fast- Forward Family: Home, Work, and Relationships in Middle-Class America*）一书中，美国加州大学洛杉矶分校斯隆家庭日常生活研究中心（UCLA's Sloan Center on Everyday Lives of Families CELF，）历时十年，分析杂乱的环境对荷尔蒙的影响。研究发现，杂乱无序的家庭环境会在心理上给女性造成很大的压力。研究人员调取受访对象的唾液，进行压力荷尔蒙检测，结果发现，一个混乱邋遢的生活环境对人的影响，远比我们之前想象的要严重，特别是女性受访者。研究中收集的语言数据显示，繁忙的职场女性通常会用"一团糟""乱糟糟"和"邋遢"这样的词，再搭配上"通常""总是"和"一直"这样的词来形容她们的家。时间越久，这些女性的压力就越大，心情就越发抑郁。而男性，则很少会因杂乱环境受影响，甚至可以说是毫发无损。

家庭日常生活研究中心的主任，这项研究的负责人之一，塔玛·

克雷默·萨蒂里克（Tamar Kreme r-Sadlik）称："女性主内的想法根深蒂固——一个家操持得好不好，成为好女人的一个判断标准。为什么我们活得很累，因为我们总是坚持将事情以既定的方式完成。我们要学会放手，不要期望每个人都能尽职尽责做好本分的同时，还想把持一切。"她的这番话，让我并不感到意外。

从小我的母亲就要求我各科拿 A，还教导我要讲究整洁。四岁的时候，母亲就要我每天晚上负责洗碗。我记得，有次刀叉放错了地方，被骂得很惨。爸爸劝她，不要太激动。母亲厉声回应道："女孩子连家务都做不好，将来没法成为好妻子。"随着年龄的增长，我承担的家务越来越多，从整理卧室、收拾餐桌、清理厨房到浴室清洁。（每次在家，老公看到我拿着清洁剂跟着他就觉得好笑。）我的弟弟，正好跟我相反，没有受过这么严格的家务训练。当时他 21 岁，有一次来我家做客，问我脏抹布该扔哪里。我告诉他："就放到我们房间的篮子里。"他竟然又问："什么篮子？"

著名的婚姻顾问、全美畅销书《他在想什么？》（*What Could He Be Thinking?*）的作者迈克尔·格里安（Michael Gurian），也表达了对夫妻家务分工的一些看法。他认为，如果女性太看重男性做家务这件事，70% 到 80% 的概率显示她们的婚姻都不会成功。他同意阿姆斯特朗的看法：男人搞不懂女人在想什么。他们天生空间思维比较强，看待世界的眼光和女性不同。他们就是有自己独特的思维模式。（澄清一点：男性处理一系列 3D 物体图片的能力比女性强，而女性更善于捕捉一组物件从一个位置移动到另一个位置。两性生理上的差异可以帮助我们解释，为什么在处理家务上，男女会显现各自不足，因为有些适合女性来做，而有些更适合男性。）

我的老公就验证了这样的结论。让他打包个行李或者整理下桌子要比我慢得多。我们一起做家务，同样的时间，我做的事情比他多很多。蒂姆不止一次，目瞪口呆地看着我说："哇，你怎么扫这么快？你真行。"

所以，如果女人一直纠缠于家务事，那是给自己找罪受。用格里安的话说，我们需要"雇别人来帮忙，解放自己的时间，正确地看待男女平等，不要将女人的标准强加到男人的身上，反之亦然"。当然，如果在女人眼里，男人没有付出，那么肯定会让女人心生怨恨。"要理解他的付出，"他说，"男人其实愿意通过沟通，找到解决的办法，平等相待。" 的确，男人能为家庭做很多的贡献，不一定是以洗碗、扫地、清洁这样的形式，平心而论，家里的修水管、下水道之类脏活力气活还不都是老公包揽。作为女人，如果抛开家庭琐事上的斤斤计较，可能在其他方面会有更多的收获。如果他们在这方面手指都懒得动，那起码就多挣点钱。毕竟，一段真正平等的伙伴关系不应该去计较谁做的这件事，什么时间做的，做了多久，做得好不好。

和其他夫妻一样，我也有洁癖，但是我老公在一个乱糟糟的家庭环境中却能泰然处之。我最看不过眼的就是脏乱的厨房和滚得像狗窝一样的床。我喜欢把没用的东西处理掉，老公喜欢什么都留着。我负责房间的整洁干净，老公负责车子保养和整洁。我承认，自己很少下厨。如果做的话，我们会分工——我来煮饭，他负责洗碗。我们请了家政服务公司，两周来一次。结婚时，我已经在纽约生活了 10 年，习惯了找人帮我打扫卫生。我们结婚前，他根本没想过请人，但是一结完婚，这就变成了板上钉钉的事情（所幸，我们请得起）。那请不起家政工的家庭就得另想招数了。

不管你收入如何，如果你是一个养家女人，除了一些大项的家庭支出，如孩子的教育、医疗费用等需要考虑外，下面五个方面的问题也需要你慎重考虑。

◆ 一个脏乱的家和一个杂乱的家有所不同。脏乱的家，水槽里堆满了油渍的盘子，窗帘上落着一层灰，床上还有饼干的碎屑，这样的房子需要深度清理，这是第一要务。而杂乱的房子，只是东西散落，有些物品没有摆整齐。并不需要你立刻停下手中的事情去收拾，不必心生怨气，可以慢慢收拾。

◆ 设定一个固定的清扫时间。每到这个时间，你就开始打扫，不管是自己做还是和另一半一起。争分夺秒，能让我搞定更多的事情。我每次都这么干。

◆ 家里一片狼藉的惨景会影响你一天的好心情。格雷琴·鲁宾（Gretchen Rubin）在《幸福计划》一书中写道，她将"晚间清扫"变成了一个常态的习惯，睡前规整几件事——整理文件，将报纸放入回收桶，收拾一下厨房。这是一本寻找幸福的指南。作者认为铺床是"第一位的，也是大家公认，影响重大的一项"。《习惯的力量》的作者，查尔斯·杜希格 (Charles Duhigg) 也认为，每天早上整理床铺，能让你精力更充沛，更会精打细算。我想到每次自己睡前该做的事情就是把水槽里的碗洗了，擦擦餐台，收拾下客厅。

◆ 寻找合适的清洁工。我十五岁的时候，就开始帮人家做零时保洁工作，挣了不少钱。收入比给人家看孩子要多多了。你们邻里间可能有人愿意帮你打扫车库，归置衣橱，而且费用要比专业的家政服务少很多。问问你的邻居，或者在当地高中的告示板上张贴招聘启事。如果你住在城里高级公寓，可能只有几墙之隔，有位少年适合你。在社区告示栏或社区网站张贴告示，是不错的办法。

◆ 夫妻协作。俗话说男女搭配，干活不累。不管做什么都让他参与进来。我们可亲可敬的教练卡维塔·帕特尔（Kavita J. Patel）发现："许多女性希望家务事能按特定的方式完成。希望另一半主动做这个，做那个，或者以强硬的态度要求他做家务。其实这样，会给丈夫很大的压力，让自己走进一个死胡同。你不能这么认死理，这么钻牛角尖。"她建议，女人要把男人当作她们的小兵，"招募"进来。所以，如果你在洗碗，可以说："我来冲洗，你负责把它们放到洗碗机里。"男人其实很乐意被召唤，了解你是怎么做的。当你在做的时候，跟他讲解一下操作的细节（比如，"我喜欢这么做，用肥皂"或者"这种类型的锅，我喜欢用海绵"诸如此类的。）如果你把劳动时间看作是两口子亲密合作的游戏时间，手里一边忙活着，一边聊聊天开开玩笑，这样就会轻松很多。

男人其实愿意承担一些家务活，只是他们不喜欢妻子居高临下指挥自己，告诉他们应该怎么做。谁也不愿意在干活的时候，耳朵边还总得听着女人唠唠叨叨各种抱怨。

分担和平均是两码事

马克和艾米·瓦谢夫妇（Marc and Amy Vachon）共同创办了一个网站（EquallySharedParenting .com），该网站为寻求共同抚育的夫妻提供帮助。他们还合著了一本书籍，名叫《共同抚育：新生代父母的指南》。书中，他们写道："共同抚育要和共同分担家务区分开来。"他们提供了许多宝贵的经验和有益的建议，这些都是以女主外男主内的家庭为背景，和家务息息相关。在一篇（此文章含纳在丽莎·贝尔博文里）刊载在《纽约时报》博客专栏上的文章中，瓦谢写道：

有的夫妻两个经常做无聊的比较。比如说一起洗碗，他们就开始比较，（暗地里或者公开地）到底每个人洗了多少支勺子，而且每项家务都这么比较……甚至育儿也被误认为是家务劳动，谁换尿布的次数多，谁冲奶的次数多……

若你去看看那些真正平等的夫妻家里，你不会看到成绩记录之类的东西。他们不会把家务一一罗列，然后去检查。他们不会去数谁洗的袜子多，谁修剪草坪的次数多，或者谁陪孩子的时间长。他们不会连洗碗、包礼物这种事都一人一半。相反，你看到的会是抛开传统性别观念，共同努力——妥善安排，共同分担责任，分享快乐。他们对家庭、对孩子、对事业的关爱都是满满的，对于付出的时间不会斤斤计较。

对于这种"各尽所能按劳分配"的家庭分工模式，我举双手赞同。就是要抛开传统的性别观念，用更理性和实际的态度共同分担家务。绝对的平均分配会把人搞疯的。再重申一遍，应该要按功能划分，形成一个机制，自动分配家务活动：谁比较擅长做 X 项，谁愿意负责 Y 项，怎么才能和和气气地搞定 Z 项？这里不存在"可恶的比较"。用瓦谢的话说："过于关注谁做了多少，对任何夫妻都没有好处——不管他们是想要五五分还是几几分。我们敢说，如果夫妻双方在家务上没有开诚布公地好好谈过，如果对他们的核心价值没有共识，又或者没有团队精神共同找出解决的途径，那么很有可能陷入困境。”

瓦谢提供的解决办法是可行的，适合各种类型的夫妻，不管谁主内谁主外。这不是什么具有神奇疗效的模式，只是一些经验之谈，供大家谨记。他们强调不要太注重家务分工，去除陈旧的性别观念，专注一条适合自己的方式，更重要，也更有效。不管你们的收入差异有多大，构建一段平等的夫妻关系和和谐的生活需要做到以下几点。

◆ 处理家务事首先要有团队意识，分工合作，共同战胜“敌人”。

◆ 传统的角色分工不一定适合你们。比如，你是女人就该负责煮饭，他是男人就该负责院子里的工作。按照自身情况或生活方式进行调整。

◆ 不要跟对方计较，谁做了多少家务。要明白你们是为自己有一个舒适的环境而努力，不是计数比赛。

◆ 夫妻应该建立一种信任感，你给予对方充分的信任后，他会更“忠心”于你。坚信彼此都在用心努力地解决问题，把事情做好，并乐在其中。

瓦谢还教导我们，共同分担家务不是倡导让男人承担更多的家务。最终的目的是希望通过团队协作、合理分配让家里每个人都受益。“共同分担是一种意识，而不是一个纯粹的目标。”我举双手赞同。

不要自己找罪受。唐娜，53 岁，结婚以来她的收入一直比老公高。可她真希望能反过来。她说这话，并不是心里有什么想法，而是这么多年来一直身心疲惫，希望自己能早点退休。她和老公都活得不轻松。“家里头很多事情我都希望按照自己的方式来做——可能你会觉得在某些方面我是一个完美主义者。由于时间不够，我很难事事都去亲力亲为。不是说老公不作为（其实大部分家务都是他来做的。），但还是有很多需要我亲自做。”我的建议是，为了她的身心健康，她要少操心，不要追求事事完美。如果能请人来分担一些家务，她老公也会轻松很多。

分担家务的六个秘诀

凯瑟琳·格尔森（Kathleen Gerson）在《未完成的革命》（*The Unfinished Revolution*）一书中提到，皮尤研究中心 2007 年进行了一项调查。研究发现，能够共同分担家务是保障幸福婚姻的第三大要素，（62% 的人认为构建幸福婚姻，需要两人共同分担家务。而 15 年前只有 47% 的人这么认为。）把可观的收入（53%）、生儿育女（41%）这两项指标远远地甩在了后面。如果夫妻双方都认同家务应该共同分担，或是有团队意识，即便不一定均等的分担，家庭幸福指数会更高。

那怎样才能做到“公平”呢？让我们来看看另外六条小诀窍，让家务不再是苦差事，更不再是家庭战争的导火索。

◆ **用钱换取时间**。只要有足够的财力，这又何尝不可。（你自己算算值不值！）斟酌一下哪些事可以请人来做，哪些事可以自己分配。比如：院子里的活儿或者洗衣服，都是可以请人来做的；而饭后的餐盘可以自己来洗。如果经济条件允许，不要舍不得花钱请人帮忙。将家务尽可能地请外人来做，能为你赢来更多的时间，你可以用这些时间做自己想做的事情。你和老公也会有充裕的时间享受二人世界，出去看场电影，吃顿烛光晚餐。

最近，老公和我因为洗衣服的事情发生了分歧。我认为，找人帮忙很划算，因为节约了很多时间。一磅衣服一美元，洗一次大概花 35 美元——会帮你洗好、叠整齐，第二天送回来。而老公说，他不介意自己做。每桶 4.5 美元，一般要洗三四桶，洗好烘干。自己来做，总共花费 18 美元，还不包括换桶和叠衣服的时间（这项费神的工作要花数小时。）我问他，你的时间不值钱吗？你自己洗衣服，确实省了差不多 20 块钱，但是你花了三个小时。难道你一个小时才值 5 块钱？这三个小时，你想不到更值得做的事情吗？在我看来，即便是去睡觉也值得。最终我说服了老公，请人来洗衣服，我们可以享受一个悠闲美好的周日下午。

算一算，你的时间到底值多少钱？将你的收入去掉后面三个零，然后除以 2。比如，你的收入是 100,000，去掉三个零是 100，除以 2 变成 50，这是你每小时的薪资。如果请家政服务的成本小于每小时 50 块，那就值得。让压力一扫而光？太值了。可能你觉得花钱请人，还不如自己做省下不少银子。其实不然。不要让那些繁重的家务占去了你挣钱养家的宝贵时间。

◆ **让丈夫心甘情愿地挑起家庭重任**。如果妻子出外挣钱养家，丈夫应该是家中责任的重要承担者。记得艾莉森·阿姆斯特朗告诉我们，女人提到最多的就是要求男人担起家中的责任。我们女人有工作，没法帮忙。我们希望X、Y和Z都是老公的事，仅此而已。我们希望男人能担起这些责任，而不推给我们。明确这一点很重要。

为此，我们可以列个家务分工表。不要太执着于平等分工，使得大家都不轻松。凯特和比尔刚结婚的时候，凯特负责烧饭做菜，厨艺还不错，比尔则负责刷碗，每次都把厨房擦得亮晶晶。随着厨艺日渐长进，比尔偶尔会下下厨，而凯特出于公平意识，会坚持洗碗。公正公平，对吧？但问题是，凯特很不会洗碗。她总是忘记洗碗的底部。她拖个地，地板上留半英寸的水。他们开始意识到再继续坚持所谓的“公平”原则已经不现实、不享受了。

现在只要比尔煮饭，他还会负责洗碗。而凯特则利用时间去洗衣服，整理一天的邮件，这些她擅长而比尔讨厌做的事情。关键是两人要协商好怎么分工。不一定就要完全的平等，关键是双方都要积极付出，促进双方关系的发展。我遇到过许多的夫妻，他们都会列个家务分工表，一目了然。比如，晚餐表，将一周的晚餐安排都列出来，在哪天谁是主厨，晚餐的任务一下子全部分清楚了。但是切记：这是家务分工表，不是计分表。

◆ **有时间抱怨，还不如想想办法，是花钱请人还是寻找帮手，让生活有序起来**。

网购可以节省很多时间。经常要用的生活必需品可以提前做好安排。比如，每个月或每两个月都需要购买新的洗浴用品，可以在亚马逊和 Soap.com 网站下订单。以下是我私人珍藏的“妈妈外包服务”的网站。

1. 家政服务类网站

跑腿兔 TaskRabbit.com：在网站上填写你的要求和愿意支付的费用，网站会根据你所在的社区，帮你筛选符合要求的“跑腿兔”。购物收费 35 美元，收拾房间收费 60 美元，手工劳动 85 美元。

DoMyStuff.com：不管是工作还是家务方面的工作，你都可以在网站上填写申请，它的运作模式和跑腿兔网站类似，会有符合要求的服务方来联系你。

BidMyCleaning.com：从地毯清洁到擦窗户，一般的清洁工作你都能在网站上招标。这个网站为当地的服务公司提供平台，给顾客牵线搭桥。

OneClickCleaners.com：此网站提供一条龙的洗衣服务，不管是需要洗衣、衣服剪裁或是干洗，网站上应有尽有。而且还提供免费接送服务，新顾客还有优惠。但它们的业务范围还没有涵盖到全美各州，所以，可以先上网查查。

好帮手（FancyHands.com）：每月缴纳会费（25 美元到 65 美元不等）。在一定时间内，你可以列出需要跑腿的几件事情。一个基本套餐是 25 美元，可以帮你完成 5 项工作，而这几项工作必须是用手机或上网可以解决的。比如，帮你上网购买礼品、管理日程安排、订购物品，或者预订旅程。

遛狗师 Dogwalker.com：网站帮你以一周一美元的低价在你住家附近找个遛狗人，或者专门照看宠物的店。

Peapod.com：此网站为你选购的杂货和家庭用品提供配送服务。

亚马逊生鲜电商也在某些城市也开始试行生鲜杂货的配送服务。

2. 代工网站

PeoplePerHour.com：帮你聘请熟练的自由职业者做 PPT、电子表格和撰写文案。

Fiverr.com：最低服务费只有 5 美元。根据本人的经验，任务越是冷门，越容易找到人来认领。

oDesk.com：提供专业的技术服务，涉及平面设计、编程和文案代写，还有行政和市场推广方面的专业协助。

Elance.com：和 oDesk.com 类似，免费招标，坐等人来认领（和投标）。

Scribie.com（录音网站）：我也是最近才发现这个网站，帮我省去了录音的烦恼，节约了很多的时间。音频录制的收费标准是每分钟 1.5 美元。

为了迎合人们想要“找人代办”的心理，滋生了很多本土服务业。比如，旧金山配偶租赁服务。上网按你的需求找找看，肯定有一款会合适你。如果你住在城里，很有可能在你住家附近就能租到一个适合你的伴侣。

想要查看最新的网站列表，请点击网站 www.whenshemakesmore.com。

◆ **谁主厨谁做主**。我必须承认，晚餐经常会影响到蒂姆和我的情绪。我劳累了一天返家，就听到，“你想吃什么？”你说我会怎么想：一天到晚做决定，回到家脑子根本就不想转，不想再耗费脑细胞想吃什么的问题。但平心而论，蒂姆没有从我的角度来考虑，他只想我们俩吃得开心满意。没别的，他只想让我成为世界上最幸福的女人。但是他不懂，一个养家的女人，走进门一听到那样的话，立马想到的回应是，你做个决定会死呀？

我意识到，不管是晚餐还是家务事宜的安排，很重要的一点就是有个人拿主意，这会减少许多的矛盾。比如，如果我们忘了做计划，没有一周的晚餐分工表，想要妥善安排好晚餐，我就会花 5 分钟的时间给老公发个信息或者邮件。信息非常简短——泰国菜还是比萨？下午可以跟踪一下订单，确认我回家的时候，外卖会准时送出。或者老公路过杂货店，买好食材，我们可以一起做饭。不要在决定吃什么的问题上纠结，浪费时间。

◆ **尊重他所做的一切**。不要因为对方挣得少，就认为他煮饭、扫地、看家是理所当然的事情。工作就是工作。不能因为你的收入高，他的工作就没你的有意义。切忌唐僧念经似的唠叨个没完，几个小时前或几周前你让他做个什么事，一直不停地碎碎念。你要用请他帮忙的方式，让他知道这是一个自己可以做贡献的机会。不要指责批评，要尊重他的时间和付出。

◆ **在家务分配的问题上，同性恋夫妻会怎么做呢**？当他们面对家务，也不知该如何分工时，不会为了图省事请别人来做，而是充分发挥自身的努力。据我观察，他们没有先入为主的夫妻分工观念，会心平气和地处理家务事。很多时候，谈到家务分配问题，比起异性恋夫妻，同性恋夫妻更为理性。他们不会闹情绪，只关心如何把事情做好。

《更富有的性别》(*The Richer Sex*) 的作者莉莎·芒迪 (Liza Mundy) 曾在 2013 年为《大西洋月刊》(the Atlantic) 撰稿的一篇文章中提到，她称之为“幸福婚姻的同性恋指南”。文中，她引述了最新研究显示，同性恋的夫妻比异性恋夫妻更幸福。越来越多的研究表明，在家务分工方面同性恋夫妻在很多地方都略胜一筹。她提出了这样一个有趣的问题：在构建和谐家庭方面，同性恋夫妻有哪些是值得异性恋夫妻借鉴之处？她写道：“同性恋夫妻，在家务分配上没有传统夫妻分工的束缚，他们处理的方式和异性恋夫妻不同。不管是性生活，还是争吵，不管是抚育孩子还是家务分工，所有的这些家庭生活的细节都需要他们自己去摸索，没有既定的标准和参考。从这方面来说，他们给所有的夫妻起到了一个榜样的作用。”

我也认识一些同性恋夫妻，他们的生活正好印证了这一点。玛丽和迪妮莎就是一个很好的例子，她们分配家务的原则是以自愿为前提，配合得天衣无缝。即便有时候某件事谁也不愿做，会发生一些分歧，但是她们不会花过多的精力和时间为这些日常琐事劳神费心。她们的座右铭：“需要做的，我们做就是了。”“我们会休战，不会继续争吵下去，不过通常我们都还是会等冷静后理智地回来处理。”虽说迪妮莎的收入是玛丽的三倍，但她们不存在家庭地位不平等的问题。她们用更实际的态度处理日常问题，不会去争谁是一家之主，谁说了算。

研究表明，许多夫妻很容易掉进一个谁的收入高，谁就有更多话语权这样一个怪圈。虽然同性恋夫妻的生活总是阳光明媚，偶尔他们也像异性恋夫妻一样也会有争吵有冷战。但是同志夫妻为了幸福的生活，不得不尽最大的努力，避免走回异性恋夫妻被传统观念束缚的老路上。我认为，这充分地告诉我们这些养家女性：把性别观念先放一边，把精力放在该怎么分工上，可以按各自的喜好、优势，或者就是看怎么分配更实际。

我们希望家不只是女人的专属领地，而是一个由夫妻双方共同拥有的“家庭领域”。我想再次强调的是，如果女方收入更高，老公没有达到你的期望值，请小心处理。我认识太多的养家女人，她们的抱怨大多都是觉得有些家务不该请人来做，老公根本就没有谈判的筹码。再看看第一章中米歇尔的困境，我们不难理解。她找了过多的家政服务，导致老公无所事事，似乎他的工作就只剩下每天上上脸书。

因此，选择家政服务要慎重，不要超支。但如果能让你的生活更便捷，让夫妻关系更融洽，又何乐而不为呢。

法则六：简要概括

- 如果你收入比老公高，很有可能反而会承担更多的家务。为避免此类现象的发生，你要想办法减轻自己的负担，要不就会累到吐血，还会被说成是自找的。
- 家务分工的关键是要找到一个平衡点，避免争吵，避免怨言。因此，沟通非常重要。你们可以就哪些事该请家政服务，哪些事两人一起分担，哪些事独自承担，达成一个共识。

- 分工不是平均。除了家务事方面，另一半可以用另外的方式付出。将一些家务事交给家政服务公司，他可以在其他方面来“表现”。可能他不会洗衣服，也不会把浴室清理干净，但是他早上大多数时间还是会送小孩上学，睡前给孩子朗读，而你可以放松休息。
- 不要小题大做。不要混淆养小孩和做家务两个不同概念。共同抚育常常被误认为是共同分担家务，要将两者区分开来。
- 搞清楚该做什么的时候，要秉持实际、理性、男女平等的原则，在共识的基础上去完成。不要相互比较。

chapter 7

黄金法则七：争取职业自由空间

我的一位朋友艾丽西亚，34岁，是一名财经记者，算得上是成功人士。她和现年50岁的西蒙新婚宴尔，老公是一名剧作家，而她的收入是老公的两倍，现在算是“丁克一族”（双薪水，无子女）。但当我问及她身为一个养家女人的感受时，她差点泪崩。她大吐苦水，一天要工作11个小时，而且还承认“一直处于精疲力竭的状态”，对事业前途非常担忧，毕竟记者行业新人辈出。用她的话说：“经常会毫无理由地发飙。因为我挣得多，我的压力很大——饭碗不能丢。我担心自己的选择会越来越少，全家人都靠着我过活，这些都让我焦虑不安……我给自己的压力很大，部分原因是希望和老公能有平等的夫妻关系。”

随着我们谈话的深入，我发现艾丽西亚的心情越来越沉重，声音越来越颤抖。她觉得自己走进了“死胡同”。日益累加的烦恼让她寄希望于一个家庭的支撑。但是一想到要兼顾事业和家庭的平衡，一想到可能换工作后，没有能力养小孩，她就退缩了。听着她的担忧，连我的心都跟着纠结起来。

美国心理学会的民意调查，女性在财政和经济上的压力明显高过男性。不仅如此，由于长期压力过大，还会出现头痛、疲劳、易怒、抑郁等不适症状。实际上，这项民意调查涉及了薪酬、家庭财政状况、工作的稳定性、住房开支、健康问题等与家庭幸福息息相关的方方面面。在各个方面中，女性表现出比男性更大的压力。

这些养家女性，长年累月备受煎熬，有些人面对这些压力，算是勉强应付，但可能会导致自己身体出状况。一路披荆斩棘，会让她们伤痕累累。如果我们没有找到解决的办法，不仅工作生活一团糟，自己身体也会每况愈下。据本人观察发现，收入高过另一半的女性显然比收入较另一半低的女性，在职场晋升的压力要更大。她们当中很多人都想多陪陪家人，可是往往工作不允许。

夫妻关系不仅要维系，而且要和谐；不仅要挣钱糊口，还要有健康的身体，毕竟身体是革命的本钱嘛。时尚和娱乐集团数字业务总裁弗兰·豪泽（Fran Hauser），这样总结她成功的秘诀：高效低耗。她经常会用这句话去勉励旗下几百人的团队，大部分都是娘子军。这句话的释义就是，工作能干出色，即便自己比老公要更操心，却从不需要上级和公司特殊的关怀和照顾。比如，在儿子的学校你可能是年度优秀家长，但不意味着你比其他的同事拥有多一天在家工作的特权。（如果你想有，那去引导公司改变政策——而不是寄希望于为你一人破例。）

身为一位养家女人，面对层出不穷的职场挑战，如何保住自己的高收入需要格外的策略。可能女性身份（妈妈的身份）会影响你推销自己，但还是要努力让自己成为一个香饽饽。我们没有理由去说什么“我做不到”。不幸的是，职场的双重标准仍然存在。身在江湖的她们，即便在相同的岗位上表现出和男同事一样的出色，却要比男性承担更多的期待。

希望大家了解这样一个残酷的现实：作为家庭唯一经济支柱的女人，实际上面临着很高的风险。她们不能放过每一个升迁机会，没法承受被解雇的风险。一位三个孩子的母亲在美国《石板》杂志上直言不讳地说道：“我要做家务，要带小孩，如果我不幸下岗，我们全家都完蛋了。”女人得足够拼命工作，才不会被人甩在身后，才能在职场上步步高升。不像有些女性摇身一变成了全职妈妈（她们有这个资本，虽然只是暂时的），许多担负家计的女人没有选择，只能谨言慎行。

全家人都指望着你的工资，而你面临职场的陷阱和危险步步惊心，这一点男性体会不到。女性在工作中的行为方式和男性不同。然而，你可能会感到庆幸：虽然这些特质会让女性在职场上显得更脆弱，但如果善加利用，反而会令你更具价值，更有上升的空间。

简单地说，如果家庭主要的经济来源都是靠你，那你有必要给自己的工作买份“保险”。这怎么可能呢？让自己荷包满满的秘诀是什么？女人面对不断累加的压力，比如孩子和家人出现紧急状况该如何处理？让我们开门见山，听听这些想法，看看它们如何将传统的智慧发挥得淋漓尽致。

玩转职场

虽然我不想说得这么直白，但身为女人，在工作中同样努力却不一定享受到和男同事一样同工同酬的待遇。

数据显示，女性在晋升中，往往输给男性。

一天，我的一位女性朋友发来一条短信，说是一位“两面派的混蛋”男同事让她火冒三丈。“我要是有一半像他，早就被收拾打发回家了。”可能她说得没错。在职场上，男人比女人嚣张很多，即使出点错，老板也会睁只眼闭只眼。我知道这很不公平。那我们就该让他们这么嚣张下去吗？当然不行。

女人，想要在职场拥有一席之地，必须承受比男人更多的压力。一方面要坚持长期作战每晚加班到深夜，另一方面还得考虑找个合适的时机怀孕生小孩（不得不休假一段时间）。很不幸，这是一种蔚然成风的双重标准。因此，我们需要找到应对的方法，适度地接受这种双重标准。

我想大家现在都会同意这个观点：身为女人，我们必须靠自身特有的直觉和坚强的心理素质在职场中取胜，不能在男性主导的职场上，因为性别原因而吃亏。破除职业壁垒需要严阵以待。男性主宰职场的时间比我们长。他们的管理方式、沟通方式及人脉关系已经渗透到了职场的每个角落，难以撼动。我和你一样，一想到要屈身适应职场的潜规则，我也一肚子的不服气，但我们不适应能行吗？在职场上，适者生存。下面告诉你如何不失尊严地玩转职场。

学会使用 90/10 的生活法则

要和男人一样，学会区分生活和工作。说到区分工作和生活，他们可是高手。女性在这方面表现比较弱，经常会将私人生活上的情绪带到工作中来。比如，一个女性在工作的时候会经常惦记家里的事情，而男性在工作中很少会分心想工作之外的事情，除非是特别紧急的事情。90/10 法则就是用 90% 的精力专注你的工作，用另外的 10% 应对不可控因素。很显然，这条规则是在引导你怎样分配自己的精力，让你工作的时候更专注，不会因为家务事而分心或烦恼。但我并不是让你花 90% 的精力来工作，只花 10% 的时间处理家务事。这个概念实际上是教你专注于做一件事情，当然你还得把突发情况考虑进来。所以，我一再重申，我们需要提前规划。过去男人养家，一旦出现紧急情况，总是寄望女人来解决；现在情况变了，特别是如果你的老公没法帮你收拾烂摊子，我们女人要懂得未雨绸缪。

如果你希望自己既是女强人，又是一位好妈妈，我一个朋友的建议是，把自己当个单身妈妈来做打算。她的意思是，如果你事业心强，薪水又高，同时嫁了个事业心很强的老公（但可能没你挣得多），那你就不要以为等你们有了孩子，他愿意放缓事业的节奏。很显然，还没要孩子之前，你们就需要好好沟通一下这个问题。但是，我看到太多的夫妻，孩子都生下来了，在这个问题上还没能沟通好。如果要开会或工作到很晚，不要期望老公会提前下班去托儿所接小孩。那就准备好 B 方案（找个保姆）。如果老公愿意帮忙，A 方案能顺利实施那简直太棒了。（希望，90% 的时候他都能腾出时间愿意帮忙。）

我第一次听到这种建议的时候，心想：“这样男人过得也太省心了。”但我朋友的老公立马纠正我的观点。告诉我，他肯定会尽力配合老婆的工作需要，尽可能地帮忙照顾孩子。但是他也不希望就因为老婆挣得多，感觉自己的工作是次要的。（他跟我说的时候，正好准备休产假，三周的时间。对此，他非常兴奋。）

把自己当作单身妈妈，只是一种观念，并不是让老公不尽义务，当逃兵。而是对他工作的一种肯定和尊重，鼓励他主动地帮忙——并不是因为你在耳边唠叨，或者是你觉得他的工作没那么重要。这么说有点像是逆向性心理法，刺激他自己去想。

高调做事低调做人

我喜欢把这条规则称作“有话就说，没事闭嘴”。“有话就说”就是指，多和公司或职业领域的女同事谈你的想法和期待，特别是找那些让你崇拜的同事或者是“从业时间长、经验丰富”的同事交流。这样能帮你快速了解企业文化，知道怎么玩转职场。不同的公司企业，文化不同。

“没事闭嘴”指的是，在某些情况下要懂得沉默是金。比如，因为孩子生病了，想早点下班接小孩。或者家里有急事，早间会议没法参加。这种情况下，只要按时将工作搞定，不一定要告知其他人你去干什么。如果暂时不得不去处理家务，那尽量低调处理，不要让大家注意到。

职场不相信眼泪

女人在工作中要比男人更拼，不要以为靠说好话拉关系就可以搞定一切。26 岁的雷纳是弗吉尼亚州的一名销售员。当她得知两位同组的男同事涨工资后，立刻约见了主管。但是她并没有跟上级哭诉抱怨，或者做些无用功，威胁要辞职。“我没有跟主管说，别人拿多少钱我就得跟他一样，而是跟他摆事实讲道理，”她回忆道，“年底之前我已提前完成业绩，而且我在职责之外，做更多的努力，希望能升职成为一名经理助理。他于是点头同意给我涨工资。”涨到 5000 美元，实际上是等了六个月之后。

不要以为自己是女人，就会得到特别的照顾。想要工作时间更灵活，要靠实力去争取，而不是做小女人状扮柔弱（或者觉得自己是妈妈，就应该享有特权）。很显然，这并不是让你刻意回避自己是一个有家庭生活的人。如果你想周五在家上班，或者调整工作时间，早点下班和家人共进晚餐，就开门见山地说明原因：“想要更好地平衡家庭和事业。”不要说得太具体。不要说什么“我是一个单身妈妈，也没人帮我”或者“我儿子幼稚园的时间有所调整，放学时间从 6 点改到了下午 4 点”，这样说太详细了，别人会觉得你不够坚强。你绝对不应该给上司留下你家庭生活一团糟的印象，又或者觉得你不够重视工作，更在意自己的私事。

其实，“兼顾工作和生活”这个概念没有性别之分，在职场中大家对这个概念也并不陌生。你要就事论事，谈谈你最近的工作哪些地方可圈可点，或者下个团队目标准备怎么实现。在家工作会让你注意力更集中，执行力更强。这样说，还有可能让公司改变政策，惠及每个人，不单只是你而已。

保持女人本色

很遗憾这么说，女人一旦成功，似乎就不那么讨喜了。一个女人很难做到既有能力，又被人喜欢。我知道这不公平（虽说有些调查发现，男性也一样。爬得越高，事业越成功，越不讨喜。），但这是事实，未来一段时间都无法改变的事实。我们只能克服它，继续前进。

英国最近的一项研究发现，女人内在的气质和性格特质有助于女性在职场上爬升。伦敦大学的研究者发现，如果明明是个女人，还表现“专横”或“像个男人一样”，就不太可能在会议室赢得尊重。反而，那些展现“女性特质”的人，通过她们感性、敏锐的洞察力和良好的沟通能力反而能赢得更多的赏识。所以，当我们像男人一样在思考，和男同事一较高下，努力打拼的时候，别忘了像女人一样做事。

寻找职场伯乐

如果你自己是匹千里马，就该找位伯乐。找一个职场领路人，为你的职业生涯出谋划策，降低你的职业风险，帮助你抓住晋升良机。用汉娜（我们曾在第二章中提到过她）的话说："在职场，你得有一帮志同道合的朋友，相信你，支持你去肩担大任。事业起起伏伏是常有的事，人生不如意事十有八九。高管这个岗位随时都会被人取代。你必须时刻牢记，说不定明天就会下岗。如果老板有更好的人选，他或她肯定会找别人。"

融入集体才能放开手脚做事。用她的话说："在当今美国的公司企业，作为一名资深的职场女性，你必须和男同事打成一片，参与到他们的谈话中去。你不能在他们当中显得特别地突兀，或者让自己很难融入。我每天打扮得很女人，但是工作很认真，不让人家觉得女人就是不行。你必须要融入大家庭，希望这对你来说不是难事。融入集体确实对我的工作有所帮助。我不希望自己的存在让男同事感觉不自在。"

这样的建议虽然听起来反倒会助长社会双重标准的嚣张气焰，但这也只是权宜之计。正当我们掀起革命，想要建立新的经济秩序之时，要想突破职场天花板，不让自己磕磕碰碰、伤痕累累，我们必须用缓兵之计。

控制好情绪

女人是感性动物。要想身心健康，和别人能保持良性的互动，关键在于控制好自己的情绪，和另一半展开交流对话。不管工作中有什么烦心事，或者家里头有难以解决的问题，我们都该和另一半保持畅通的交流。不然，把事情都搁在心里给自己造成很大的压力，不仅会影响到工作还会影响家庭关系。

为自己摇旗呐喊

步入社会后的第一份工作，便很快地让我意识到，必须要为自己的成绩摇旗呐喊。男人每次吹牛，大家都觉得他是真的很牛。但如果一个女人老是把自己的成绩挂在嘴边，大家都会不以为然。还记得当时我独家报道了纽约一家大型连锁药店侵犯工人权益的凶杀案。那是当天的新闻头条，但是我的领导们和同事们似乎没有一个注意到，或者关注到，也没人对我说“干得好”这样鼓励的话。后来，我跟一位前辈抱怨此事，她给了一些有价值的建议，至今受用。

她跟我说：“如果有什么引以为傲的工作成绩，你要像运动员一样绕场庆祝一圈。也就是说，如果在播我采的片子，我该在编辑部走上一圈，和新闻主管、执行制片和上级领导用眼神会意一下。这样他们才了解，才会看到我的努力。”确实她的建议很奏效。现在，我在家远程工作，想要摇旗呐喊却没有观众。所以，每次《今日秀》

一播出，或者有一档视频节目获得上百万的点击率，我就会发邮件给同事和领导，庆祝我们的工作成绩，表达我作为荣誉集体的一分子有多么地自豪。这不仅是一种由衷的情感抒发，也不失为一种职场策略。

不要口无遮拦

平日和同事相处开开心心，节假日聚聚，生意场上应酬一下，都很合适。但是，如果你跟同事私人的事情聊得太多，或者听别人聊太多她的烦恼：如何不喜欢老板、跟老公吵架了，这说明你和同事走得过近。女性比男性更容易受这种关系的负面影响。因为女人一开始八卦，嘴巴都比较狠。这样会给人留下“八婆”的印象。

康奈尔大学 Weill 医学院精神病心理学教授助理佩吉德·雷克斯勒（Peggy Drexler）在《今日心理学》（*Psychology Today*）杂志撰文：“女性和男性沟通方式上的差异导致了八卦的杀伤力是不一样的。研究表明，女性明显比男性话多……女人容易掺杂自己的个人情绪，‘简直不敢相信，开会的时候，她竟然打断别人。’而男人八卦倾向于陈述事实：‘你有没有听说泰德买了辆奔驰？’当两个相互较劲的女人，有可能是同一个职位的两位有力竞争者，也可能是职场女王为保护各自的领地，拿八卦当利剑刺伤别人，八卦就显得不那么有趣了。”

你是不是经常听到自己内心有个声音，它无凭无据硬说你不够好，没有能力，没有魅力。男人就不会这么觉得。举个例子：麦肯锡公司的研究员称，惠普的一份内部报告显示，女性只有认定自己百分之百胜任这个岗位，她才会申请。而男性是，只要他有六成把握，他就会想去做。

女性多数会觉得自己的成功是因为“运气”“多亏别人帮忙”。其实与此同时，你自己也是非常地努力，当机会来敲门的时候，及时把握了机遇。所以，不要对自己的成功或价值产生怀疑。在会面的时候或面试时，不要畏畏缩缩。像男人一样，自信一点。

展现你的幽默智慧

你若能让人开怀一笑，不妨拿出你的本事。如果在会议上，能以智慧性幽默表达严正的立场，会让你的听众更容易接受。当然，关键是适度。你觉得时机恰当，认为听众被小小地幽默一番也没关系，你就可以这样做。

不要拐弯抹角

一位女电视制片人最近问我："我的制片助理缺乏管理，但我又不希望让自己看起来像是要教训别人，我该怎么做？"你说，男人会问这样的问题吗？

最近，她的助理做事很没条理，让她很伤脑筋。因为助理失误，好几件事都耽误了，而且几封重要邮件都没有及时回复。我的建议是，这样开头："最近工作确实有点忙，我也发现交代的事情，你没能及时处理好。我们可以谈谈，看怎么样更好地完成工作，不要把事情再耽误了。有条不紊和及时跟进是必不可少的工作要求。你怎么看？"

这样听起来清楚明了，告诉她工作中存在的问题，需要积极改正，同时又让她觉得你愿意伸以援手，倾听她的意见。让她感觉你随时愿意对话，而不是用生硬的命令口气对待下属——"请及时跟进这些邮件！"

积极肯定他人观点

注意区分，积极肯定他人观点和做一个唯唯诺诺的女人完全不同。与同组同事或经理产生分歧时，不要断然否定别人全部观点。而要先肯定对方合理部分，然后表达不同意见。这样才能缓解冲突，使别人更容易接受，同时不会影响同事间的感情。

比如，老板让你负责招个销售助理，要求有常春藤的教育背景。而你要表达不同意见，可以这样说："正如您所说，我们需要招个新助理进行流程管理。当然，良好的教育背景至关重要。经过几次在大学招聘会的招聘经历，我觉得，许多州立大学的学生也给我们留下了深刻的印象。他们才华横溢，热情洋溢，和常春藤名校学生相比不能说有过之，但也同样出众。所以，我觉得我们的招聘范围可以更广一些，这样可以找更为合适的人选，对吧？"

不要轻易退出职场

"妈妈隐退"这个话题似乎永远不会结束。过去十年，关于女性为了孩子，该什么时候隐退做全职妈妈，该隐退多久又成为了大家热议的话题。这个问题确实很难把握。即便大家积极热议，却并没有讨论出一个让每位妈妈可供参考的结果。过去十年，出版的书籍和文章都围绕精英女性展开过讨论（这些女性事业心强，都是常春藤的高才生，从事令人艳羡的职业，医生、律师、银行家、学者和高管）。她们为了孩子，决定退出职场回家当起了全职妈妈。显然，这些女性有这个资本，很大一部分原因是得益于一个会赚钱的老公。

最开始引发这个议题的讨论还要追溯到 2003 年，丽莎·贝尔金（Lisa Belkin）在《纽约时报》发表了大作（当时也猛遭吐槽的）《退出革命》（*The Opt-Out Revolution*）。时隔十年之后，朱迪思·华纳（Judith Warner）出了一个姊妹篇，（同样刊登在《纽约时报》）

起了个针锋相对的名字：《退出一代希望回归》。“的确，十年前一些从董事会隐退的女性如今正试图回归……却感觉无比艰辛。”

诚然，每位女性具体的情况不同。但是那些关注女性职场退出潮的书籍和文章，都会强调这样一个事实：实际的情况非常复杂，远不是一个标题可以涵盖的。许多十年前离开职场的女性并不准备一辈子都在家当全职妈妈。但她们并没预料到，要想再次回归职场简直艰难无比。有些女性给自己留了条后路，从未远离职场，重新开始对她们来说相对较容易。而其他人可就没这么幸运呢。这是有道理的：如果你一直积极与自己从事的领域保持联络，通过互联网保持互动，那么即便你没有真正去工作，想要再回归，也会容易很多。因为业内人士还记得你，你对行业动态一直保持关注，也不是一无所知。

对于许多女性来说，希拉·奥唐奈（Sheilah O’Donnel）的故事应该让她们印象深刻。这位44岁的女性，曾任甲骨文公司高级销售，年薪50万美元。后来与同事相恋结婚。婚后，她将工作时间减为一周三天。但对于他们这个双薪家庭来说，婚姻备受压力，这样的时间安排似乎还不够。他们经常为了家务事争吵，为了保姆病了谁来照顾孩子的问题相持不下。最后不得已，奥唐奈离开了职场，心想这样或许可以挽救她的婚姻（免得把自己逼疯）。

但事情发展并非如她所愿。他们最终以离婚收场。现在奥唐奈正积极地回归职场，收入却大不如前。现在，她和两个孩子从豪宅搬进了一间小公寓。通过奥唐奈这个活脱脱的例子，希望大家吸取教训，她说：“这就是告诉你为什么女人要工作。你可以没有百万年薪，没有奢华的生活，但你一定要自力更生。”

如果你正在考虑离职做家庭主妇，并不打算再出来工作，或者过一段时间再回归，相信奥唐奈的经历能给你有益的启示。

谢丽尔·桑德伯格，在《向前一步》中用整章篇幅论述了一句名言："不要身还在，心已远。" 我认为，这句话很贴切地描述了女人养家的一种心境。桑德伯格想表达的就是，我们女人时常会过早地操心，盘算着什么时候要小孩，能给孩子一个幸福的家庭，又担心事业是不是会受影响，因为她们很想"两者兼顾"。很多的成功女性，孩子还没怀上呢，（或甚至都没遇到人生伴侣呢，）事业就不那么拼了。就是因为很担心自己不能同时胜任好妈妈和成功女性两个角色。她们一旦开始这样想，就会在事业上畏畏缩缩，不敢接受新的挑战，对她的事业造成负面的影响。

桑德伯格一针见血地指出："女性的担忧都为时过早，即便是怀孕了，女人们还有 9 个月的时间去自己思考事业和家庭的分配。一般女人还没怀孕前就开始做思想准备，从准备到真正怀孕通常需要几年的时间，更别说生下来……等孩子生下来，事业荒废了大半。如果当初积极规划发展，她的事业可能早就不可同日而语。从前，她是一名优秀的职场女性，和同事们相比毫不逊色，拥有同样的发展机会，收入都差不多。但是，准备当妈妈的那几年，她没有好好地提升自己，现如今已被人甩在了身后。"

对此，我还想补充一下：如果你在事业上放缓了脚步（降低了收入水平），不幸的是自己又回归单身。怕是欲哭无泪呀。

然而，女性不应该害怕辞职，或离开职场……只要你敢于接受这样做的后果。如果怕将来情况不妙，就给自己留条后路。不幸的是，退出是不是正确的抉择，我们没法事先去验证。当然，如果你是家里主要的经济支柱，辞职的影响肯定会很大，所以三思而后行。必须谨记以下几点。

◆ 即便你计划开始要小孩，为了自己也要继续工作。你不知道哪天事业能成功攀上高峰，所以在职场一日就不能懈怠。而且，一旦你怀孕，受荷尔蒙的影响，考虑事情很容易情绪化。虽然“妈妈的基因”并没有那么大的影响力，但是你专注于工作，坚持不懈，认真努力，相信会有成功之日。到那时，你的选择会更多，想要当好一名职场妈妈也不再是难事。你有更多的决定权和话语权，能更好地兼顾事业和家庭。

◆ 趁孩子还年幼，可以多多打拼事业。比起当家庭主妇，工作的灵活性还是很强的。换句话说，当全职妈妈是一项艰巨的任务，如果不是下定决心花费大力气，想要逃离家庭很难，有很多因素会拖住你的后腿。我之前也提到过，离开职场的时间越长，想回头就越难。尽量不要跳脱出自己的事业圈，即便需要你暂时地离开，还是要时刻关注职场的动态。

许多妈妈跟我说，孩子年幼时可以给别人照看，等大一点，需要父母关注和帮助的时候，再花多一些精力在孩子身上。如果你工作时间较长，需要在育儿上的支出又比较多，孩子年幼的时候可以考虑这样做。即使这时候不在身边，孩子们也没有太多的感觉。到了孩子上中学，需要父母更多陪伴的时候，因为有了前期的铺垫，这时候的工作时间能更自由，可以有时间陪伴孩子。

◆ 如果巨大的工作量和当妈的责任压得你喘不过气，而老公一点也不会替你分忧，这时候需要和他好好谈谈。可以和另一半重新讨论一下你们的分工。如果你已经当妈，可能小孩还不止一个，那你需要付出大量的精力和时间。不要一开始就心生退意，觉得自己是不是该辞职，而是要重新考虑如何和另一半分担教养孩子的责任，让你放心拼事业。如果两人无法达成一致，可以咨询一下专业人士。为了给孩子创造一个良好舒适的环境，你必须保证稳定的经济来源。

◆ 学会更有耐心。如果你的老公不是传统的那种爸爸，愿意亲自带小孩，你不要指望他能像超级妈妈琼·克莉佛（June Cleaver）那样，成为一个多面能手。2013 年 12 月，《纽约时报》报道了华尔街一种新的风潮：在华尔街工作的女性，老公在家当全职煮夫。根据普查数据显示："自 20 世纪 80 年代，金融行业的女性中，老公当全职煮夫的数量已上升了十倍。" 花旗集团的慈善基金会董事总经理布兰迪·麦克海尔（Brandee McHale）在文中说到，她的丈夫曾是一名海军陆战队员，却没有电影里那样十八般武艺样样精通，对于他来说洗衣服简直就是一种折磨。但当老公陪孩子们踢足球时，那种特别的专注格外叫人欣赏。

有些女人很气自己老公既不会煮饭又不会打扫房间。但是，她们又不好明说，生怕说了会让老公觉得，自己把办公室的领导样带回家里，把他当员工一样使呼来唤去。

克里斯汀·布雷登是花旗集团驻菲律宾的员工。她非常了解，自己不在国内时，老公绝对不会帮她宴请一下她生意上的顾客。相反，一些男性银行家的妻子都是他们事业上的贤内助，会帮他们张罗。（夫妻会在餐厅或者周末在家宴请宾客。）很少有男性会愿意在事业上助老婆一臂之力，像是去参加华尔街的餐会，或是自己当发起人，邀请华尔街这些风度翩翩的银行家来会餐，帮老婆交际。

活在当下

或许我们并不该奢望能拥有一切，只要生活顺顺利利就好。通过很多次访谈我发现，许多女主外男主内的夫妻之所以能幸福美满，是因为他们有一种相处模式，就是老公甘愿做成功女人背后的那个男人。不管是在家里还是在事业上，他们都如鱼得水，应付自如。但这并不是说他们没有困扰，没有磨合。

印第安纳州的艾米和康纳就是很好的例子。39 岁的艾米有望成为一家石油天然气公司的首席财务官，年薪 25 万美元。老公康纳，现年 40 岁，曾经是一名消防员，现在是一位全职奶爸。他们有两个女孩，大的 12 岁，小的 9 岁。两夫妻在一起走过了 26 个年头（是高中同学）。

艾米和康纳夫妇，五年前就决定要留一个人照看家里。做此决定，有部分原因是因为老婆现在是经济支柱，为了照顾她的工作，全家都要跟着她走，所以当消防员的工作也不是很固定，福利也就没那么好。刚结婚的时候，他们的计划不是这样的。岳父岳母投资了一些地，康纳准备创业当一名农场经理。这样，康纳经营家族事业的同时，艾米可以辞职去进修 MBA。但是，正当他们准备踏足生猪养殖业的时候恰逢这个行业不景气。“我们的计划不得不暂停。随后，我取得了 MBA 学位，有了一份工作，发展前景很好。老公也开始另寻出路……我们一直都是顺其自然。”康纳是这么说的。

“我们不是看谁挣得多，而是看工作需要。顺其自然是最好。”随着艾米在会计师的职位上步步高升，全家已经搬迁了几次。毫无疑问的是，艾米还会继续拼搏她的事业。

艾米自信满满地说：“我感觉自己不论学业还是工作，一直是一帆风顺。高中毕业典礼上，我就作为学生代表发言，大学时是优秀毕业生，读 MBA 也是班里的第一名。我一直都很好胜，所以老公真的很支持我，支持我的事业。现在我所服务的公司，市值 20 亿美元，而我有望成为这个公司的首席财务官。如果能成功坐稳这把交椅，基本工资会多 25%，分红多 60%。但是如果没有老公的支持，就不会有我今天的成就。我知道，现在全家都是以我的事业为重，我们的决定很明智。”

康纳有时候也很想去工作，觉得“不该男人做的事情”他都包揽了。但是一想到一切为了孩子，期盼他们长大能自信、成功，付出一切也都值了。我感觉正是这种信仰，让他们的婚姻关系坚若磐石。他们都是带着基督徒的那种 “认定了”的心态走入婚姻的。正如艾米所说：“每个人放弃事业都是有风险的。我觉得现在要让康纳重返岗位当名消防员恐怕有难度。他离开这个行业的时间太长了，要符合现在的上岗要求，还得重新培训。他真的算是抛下了自己的事业。为保证承诺一定能实现，我们在做决定之前，会先对我们的关系有个认识。”当我问到她对其他养家的女性有什么建议时，她谈到，千万不要让自己累倒。强调一定要清楚什么最重要，每一步的关键是什么。康纳曾经多次提议去工作，她的回应一直都是 No。她认为，除非是他真有想干的事业，不然没有这个必要。

现在至少两夫妻生活和谐，事业顺利。不像其他男人在家带小孩的家庭，怨声不断。我感受到他们两夫妻间鲜有怨言。这主要还是艾米和康纳沟通得好，互相尊重。他们的生活很平静，没有无休无止的家庭战争，彼此都没有精疲力竭的感觉，每年两夫妻都会把孩子丢下，出游度“蜜月”（“远离工作，共度二人世界的好机会”）。他们唯一的争执点就是家务，这应该一点都不奇怪。虽然，艾米很长时间没去超市采购了，她周末还是会经常负责洗衣服。康纳因为一件糗事，很不幸地光荣解聘，不再负责洗衣了。

和艾米的谈话让我收获最大的是，老公在家做家庭煮夫，让她觉得自己工作的责任更重大。“如果老板知道你的老公在家带孩子，他对你的期待会比双职家庭的员工更高，希望你在工作中更努力。”是不是所有人都有这种经历就不得而知了，但是这个说法听起来有道理。潜在的问题是，一人在外工作，留一个帮衬家里，在外工作的这方生活压力并不一定比双职家庭另一半也在外工作的那个人小。换句话说，留个人顾家也有可能焦头烂额，因为期待可能会更高，累倒的概率可能会更大。

住在明尼苏达州的卡罗尔和杰克相识 14 年，结婚 11 年了。他们有个 3 岁的儿子，患有唐氏综合征。卡罗尔，现年 43 岁，在一家大型的零售商任产品经理，年薪 6 万美元。而杰克在一家小型广告公司担任业务人员，薪酬比老婆低。（杰克坦白，不会因为老婆挣得多，就觉得伤自尊，而是因为自己挣得少，有些伤心。）尽管儿子情况特殊，而卡罗尔的母亲也需要赡养，他们还是应对得很好。正如朱迪思·华纳（Judith Warner）在《完美疯狂：在焦虑时代做母亲》当中所描述的一种“妈妈爱操心的心态”正困扰着卡罗尔。尽管白天请了人照看孩子，但似乎一直都是她独自在操心安排。“照看孩子让我感受最深的是社会和经济的压力。我必须要平衡好经济的压力和时间的安排。为了照顾孩子，每周我都要先给孩子预约医生，了解孩子的日程安排，然后对自己的工作安排进行调整。这就是让我烦心的地方。”

当我问卡罗尔，有没有什么烦心事让她晚上彻夜难眠。她回答："我总是会想，如果我失业了怎么办？很简单地，就是失——业——了，以后的日子怎么维持？”其实她道出了每个人的心声，拥有工作压力的同时对工作充满自信，这是两码事。你在忧心自己会失业的同时可以对工作自信满满。卡罗尔同样也给我们提出了这样一个问题，就是如何在工作（继续打拼事业）和陪伴家人之间找平衡。

这些都是我们关心的议题，却没能找到一个万全之策。几乎每个女人（男人！）都会害怕、担忧，生怕自己不能兼顾家庭和工作。如果你是家里的主心骨，那么受到这些负面情绪的影响更大。而如果女人是家里的经济支柱，那她所承受的压力是一般女性所体会不到的。因此现在职业女性的疲劳指数越来越高。这就是为什么我们要解压，要想办法消除负面的情绪。

工作与生活政策中心（Center for Work-Life Policy）研究发现，虽说男性和女性同样有工作压力。但是，女性总是不自觉地认为工作影响了家庭生活。什么原因呢？在她们看来，工作需要花时间，所以对家庭肯定会有负面影响（比如，孩子垃圾食品越吃越多，看电视的时间更长，就是因为缺乏父母的监督。），而男人则把这些归咎于客观环境的不良影响。（比如，“社会”，电视上的暴力情节，同龄人不良的示范。）

对于家庭的女性顶梁柱，这些都意味着什么呢？现实提醒我们，不要让成功害死自己（既是字面上的意思，又是一种隐喻的说法）。我们必须意识到，一个成功的女性，要承受巨大的压力，以及压力带来的各种疾病困扰。在此，给大家一些建议。

◆ 每天留给自己一小时时间。不要一周一次，而是每天一次，或者至少一周有几天这样。这一小时你可以随心所欲做你想做的事情：去健身、散散步、读读书、坐下来看喜欢的电视或电影，或者喝点小酒、和朋友煲煲电话粥。每天早上或晚上花上这么一小时，让它成为一种习惯。就像每天有要完成的事情，要刷牙或者是女儿的足球练习一样，坚持天天完成，你会发现自己的蜕变之美。

◆ 保证良好的睡眠。充足的睡眠时间，对于你的身心健康非常重要。如果你每天睡眠不足6个小时，或者更少，那你就是美国国家睡眠基金会 (National Sleep Foundation) 口中的“睡眠不足”或“睡眠受限”的人。这种人通常工作效率低，健康风险高，免疫力下降，容易抑郁，甚至有猝死的风险。

◆ 接受心理咨询。我知道有些人对心理咨询的疗效颇有微词。但是如果你压力大，需要帮助，为什么不就此机会找一位专业人士倾听你的烦恼、担忧和不安，为你号脉问诊？心理咨询已经很普遍，没有什么难为情的，即便健康保险只会帮你承担部分费用或者一分都不出，需要你自己掏腰包，那又有什么关系？这个钱花得值。（详见黄金法则十）

◆ 舍得为自己花钱。情绪低落、思想压力大，或者需要提振精神的时候可以动用一下“个人”账户的资金。不要不好意思用，这个钱就是为这时候准备的。花点钱给自己买点东西，也奢侈一下，让自己 high 起来。也可以约闺蜜一起去做做按摩，修修指甲，慵懒地喝杯咖啡，等等。

适度享受一次，放纵一下自己可以帮助你放松身心，减轻压力。如果你的情绪已经到达一个临界点或者精神崩溃，那可就追悔莫及。

法则七：简要概括

- 扛家计的女人在职场突破了职业的壁垒，却因为这一路走来，家庭和工作不断累积的压力，伤痕累累。我们天天提心吊胆，生怕哪天饭碗不保，没有收入来源。想让自己有一个幸福的家庭生活，这实属不易。
- 要学会一边释放压力，一边继续冲刺事业巅峰。我们要学会在工作和家庭之间划分严格的界限。不要让当今社会仍然存在的双重标准影响到我们。
- 工作中要“像男人一样思考，像女人一样做事”。找“从业时间长，经验丰富”的女同事帮你出谋划策。如果希望工作时间更灵活，可以跟老板申请。但不要以工作或家庭原因为由，解释得过于详细。
- 不要因为自己是女人（或许还是妈妈的原因）就期望自己特别受优待。实际上，养家糊口的身份，会令老板对你的期待更高。如果你想有更好的待遇或者福利，靠实力来说话，而不是个人特殊的原因。

- 如果你选择退出职场，不管是多长时间，你都要三思而后行。如果只是准备生孩子的时候休息一段时间，那你要在还未辞职以前早早做好计划，或多或少地还是留条退路。
- 要照顾好自己，不要把自己当驴一样使唤。

---

chapter 8

黄金法则八：规划子女教育

母亲曾跟我说：“一旦有了孩子，对女人来说，家庭就不再是两个人的世界了。”后来又听许多的女同胞这么说过。话虽俗套，却很有道理。如果你是家里的经济支柱，要是没提前做好准备，一旦有了孩子，局面会变得很难控制。

年轻时我从没想过成家后会由我来养家。何况我的经济状况也不稳定。通常，人都不会把养家糊口当作人生的终极目标。蒂姆和我正式交往的时候，我们的事业处在不同的阶段。我的事业发展比他更成熟，比起现在前景也更好。而蒂姆对他的工作并不满意，也在想出路。有一次我问他：“明年怎样才能摆脱现在的窘境？”当时，进入而立之年的他在费城周边的一家保健医疗公司产品技术部工作。糟糕的是，他所处的工作环境非常沉闷，像极了喜剧片《上班一条虫》（*Office Space*）的工作场景，更加激不起他创业的斗志，在这样的地方工作，也不利于他学习和成长。

经过那次的深入交谈，蒂姆开始去纽约大学上进修课程，同时参加一些面试，事情开始有所好转。我们结婚后，他曾一度当过学徒，只能拿到一点补助。因为当时我的收入养家足够了，他可以好好利用这个机会发展他的事业。在我印象中，我曾多次跟他聊过要他抓住时机扭转不利的局面，开创新事业。这是我能为我们俩美好的未来所做的规划。借此希望能给类似处境的女性一些参考。

作为家庭的顶梁柱，你的另一半很可能还没有稳定的事业，或者事业上正处于转型期，这种情况非常普遍。实际上，你会联想到我们在第一章提到过的“性别代沟”：就是男性要想获得相同的报酬，或是在事业上达到相同的位置，比同龄女性要更晚。所以，一个 30 岁的男性比起同龄的女性收入要更低，事业也没那么成功（当然要假设这个女性在事业上从没停下过脚步）。这也是造成我们这些经济独立的女性恋爱之路如此波折的部分原因。一个真正的男人想要找同龄的女子，那这个女人在事业上大多都比他成功。（一个女人想要找这么个男人也需要经受考验！）这就是为什么我会告诉那些梦想俘获钻石男的女孩，或者觉得自己已经找到灵魂伴侣的人，其实她们的另一半事业还没到达“那个程度”，还需要我们出钱出力，鼓励他们不惧挑战，奋力一拼。

当然，并不是所有的丈夫能这么幸运，有机会及时去进修。特别是那些还有孩子要养的家庭，根本就没有时间和闲钱让老公去慢慢寻找事业的第二春。但世事难料，说不定未来会有这么扇门为你们敞开，鼓励老公为了你们共同的未来冒险一试，是值得的。

更深层次说，就是为了家庭。一个养家女人怎样为人妻母，即便钱不多也能当好家呢？其实，在本书中我们一直在围绕家庭和育儿在讨论。本章中，我们将带大家做更深入的探讨。

女人考虑生孩子的时候，通常都会默默地问自己："我能应付得过来吗？"最直接的反应是肯定搞不定。正如我在前几页中提到的，但求一切顺顺利利，不求"事事如意"就好。虽说如今这个时代，事事都能达成不是难事，但要想一切追求完美，不太可能。不论你是不是家里的顶梁柱，这条建议都会让你受用。但是养家女人的压力更大，因为这个家庭一旦加入新成员，家里都指望着你的收入。所以，通常生完孩子后养家女人都需要很快回去工作。毫无疑问，这是最难协调好的一件事。如果提前没有规划好、准备好，不管是在情感上还是在经济上都会感觉难以适应，处处吃紧。

根据美国劳动统计局（Bureau of Labor Statistics）2011年的一项调查显示，子女未满18岁的已婚女性中，有68%的人在工作。其中，有三分之一的女人收入比丈夫高。在家当全职煮夫的人数比20世纪80年代翻了近一番。子女未满十五岁的夫妻中，有62.6万的家庭是女主外男主内，这个数字相当惊人。很显然，在家庭当中，父母的社会经济角色正在发生转变。但无论如何，爸爸、妈妈作为一个独立的个体，应该各司其职。

艾莉森·阿姆斯特朗由于为女性听众开办了解异性的研讨会而颇有知名度。她作为一名两性问题的专家，并不意味着生活中自己和老公从未红过脸。作为三个孩子的妈妈，她坦言一路走来，她和老公也历经了几个阶段。

刚开始的时候，她从没想过几年后自己的收入会远超老公——雷格，而且她也没这份心思。在很长一段时间当中，艾莉森的收入都不够请保姆的。他们当时虽说拮据，却还是请了，事后感到很值得。

雷格在一家世界500强企业当注册会计师，职业前景很好。但是，随着艾莉森的合伙人退休，她不得不将重心放到公司发展上，这意味着必须有个人来照看孩子。最后，他们商量决定，由雷格留下来带孩子。“通常，在这个时候不论谁都会把事业放在首位……没有人会想先留下来照顾孩子。但我深信，一个家庭，必须有人留下来照顾孩子，不然对孩子成长不利。关键是有人留下来，是谁并不重要。”

雷格的工作现状是，他每天上班单程就要花费两个多小时，而且每周要求至少 6 小时在办公室坐班。当艾莉森找他谈，希望他能辞职的时候，雷格并没有反对。但是，作为夫妻，让老公辞职不干就意味着将几百万的收入置之门外。当时他们的三个孩子一个已经 14 岁，一个 9 岁，还有一个 6 岁。但是，艾莉森和雷格都把这个决定看作是一个契机。对艾莉森来说，老公主内能让她更专心于事业的发展，虽说当时她的事业只能算一般成功。对雷格来说，能让他多陪陪家人（在职场奋战多年的他能趁此机会休养生息）。他的工作方向转为咨询为主，大部分时间在家工作。这项决定无关乎钱，一切都是为了家庭。就这样，为了共同的目标，提高和孩子相处的质量，让老婆无后顾之忧地放心打拼事业，老公回归家庭。为了这个家，雷格愿意冒险一试。

对艾莉森来说，雷格愿意为家庭改变自己的职业规划，这种魄力和责任心让她很感激。她原以为老公会是绝对的“家庭供养者”，世事难料，曾经的职业高管如今当起了超级奶爸。十一年过去了，他们也进入了下一个发展阶段。出乎意料的是，雷格决定不再干会计这个老本行，而是寻找他事业的又一个春天。

艾莉森说：“就是从那个时候（他想改行），我开始对他不满的。”虽说雷格回学校进修，获得了双学士。但是老公一边学习一边照顾家务是完全无薪水的，这让我照看生意、负责养家的压力越来越大。接着，家里的事情，老公也开始不管了，对艾莉森来说压力翻倍。在风和日丽的一天，艾莉森终于爆发了。她还很清楚地记得当时是这么说的：“我觉得你现在对家庭付出得不够。”艾莉森其实已经忍了很久没说。她倒希望自己能早点把真心话说出来。格雷的回应让她很满意，他希望她能直言不讳，说出自己的想法。这时候，她就跟他坦白了，其实跟钱无关，关键是谁来做饭、洗衣、拖地！

幸亏艾莉森很善于沟通，避免了一场家庭大战。但是她的经历也暴露出，一旦情况发生改变，夫妻关系就会遭遇挑战。她的经历也再次证明了了解彼此的需求和愿景，保持沟通的重要性。有些事情最好还是放在桌面上谈，到底是谁主外谁主内，谁来负责做某些工作（像是做饭之类的）。艾莉森的故事也给广大的养家女性传递了一个重要的信息：每当进入一个新的阶段，都需要新一轮的沟通。事情是不断变化的，特别是夫妻双方处在不同的发展阶段，沟通就显得尤为重要，因为对方无法体会你当下的感受。大部分时候，我们总是一厢情愿地认为对方和我们都处在人生的同一阶段，他会懂我，事实上往往不是这么回事。你会发现，其实你们的步调并不一致，因为各自的经历不一样。你们需要根据两个人的情况来制订和调整家庭和事业的规划。

做产前与产后家庭规划

正如我之前提到的，迈克尔·格里安就很推崇不同的人生阶段制定不同的规划。这条建议，对于为人父母的我们来说再适合不过了。虽说为人父母是人生大事，但做得成不成功还要看前一阶段的基础打得好不好。比如，还没找到人生伴侣的时候，该和谁去约会，找个什么样的对象；生小孩之前，要清楚该如何省钱，节省开支，如何规划自己的职业生涯，选择一个什么样的职业才能既可以养家糊口，又能实现自己的梦想。

格里安强调："必须要明白的是，'有孩子之前'和'有孩子之后'是两码事。"同时，他敏感地认识到一旦女人生了孩子，生理上的变化会影响到她是否回归职场的决定。但对有些女性来说，想留在家里做家庭主妇，却迫于经济压力不能如愿；或者要面对工作机制不灵活而引发的诸多复杂的问题。而这些问题，我们的公司企业还不能帮女员工们很好地解决。

格里安的"产前"与"产后"理论很有道理。他建议要对产后林林总总的事项提前做好准备。你要想到，有可能你会一时冲动决定削减工作量，回家相夫教子；一般产假六周，要是你希望能多陪宝宝一段时间再回去上班又该怎么办？这些都是你该提前考虑的问题。接下来，就要想办法制订计划，实现这些愿望。

我在本章开始就提到过一个提前做好准备的方法：早期多在另一半身上倾注财力、物力帮助他成功，必要时你就不会有经济顾虑了。如果你是一个女强人，老公收入比你少，那么在你们要小孩之前，要倾尽全力地帮助他提升教育程度和技能。这样到了关键时刻，他就能独挑家庭重担，代替你成为家庭的顶梁柱，让你能暂时退居幕后，享受妈咪宝贝的甜蜜时光。

如果你还在恋爱中，那就考虑一下你的另一半是否可以在未来承担起父亲的责任。这个人必须是一只潜力股，未来能有更好的发展空间。否则，就像格里安说的，你会后悔得肠子都青了。毕竟养家的妈妈们看着老公收入低于自己，不得不抛下孩子去工作，多少都会有些抱怨的，这是极其自然的事情。毕竟，做妈妈的不能经常和孩子在一起，会有一种愧疚感。

虽说养家女人可能都会遇到类似的问题，但是也有很多夫妇成功地将这种负面情绪扼杀在萌芽之中。他们对未来做了阶段性的规划，而且非常善于随时修订计划。这个月奏效的计划，也许今年会奏效，也许以后十年都可以，但未必一辈子都奏效。特别是有了孩子以后，你也会规划他们的人生。比如，孩子婴儿时期与孩子到了学龄或青少年阶段，你的安排是不一样的。还记得第一章中米歇尔的故事给我们带来的启示：孩子年幼的时候，交给别人来照顾相对比较容易一些。这样你可以全力打拼事业，努力往上爬。而不是到他接受正规教育，需要陪伴的时候缺席。而且，要是离开职场的时间太长，想要回归会很困难。因为，已经失去了动力。实际上，雪莉·桑德伯格在《向前一步》中指出："女人离开职场一年，她们的平均薪资会降低20%……离开两年会降低30%。而职场女性离开职场的平均时间为2年。"

除了和爱人建立起良好沟通的习惯外，为了实现目标，在财务上还需做好一系列的规划。不管是计划生孩子，还是孩子大学毕业后待业中或你想收留他一段时间，每走一步都要有策略。正如来自网站 WealthySingleMommy.com 的艾玛·约翰逊（Emma Johnson）所倡议的立个十年之约，可以制订一个 2~3 年的家庭计划，将打算和愿景写下来，争取逐一实现。如果你们在实施当中无法统一意见，可以咨询一下专业人士。我和老公就咨询过一个财务顾问，帮我和蒂姆扫除了一些财务上的专业障碍，让我们就未来三五年的目标达成一致。这当中我们还讨论了生育计划。

计划要切实可行，贴合实际，尽可能详尽，不要忽略细节。比如计划生宝宝的时候，我们就设计好了婴儿房，坐等我们的孩子出生。生产前几个月又开始挑选床上用品，防撞杆和婴儿监控器，享受即将为人父母的乐趣。

家庭规划中需要解决的问题如下：

◆ 我们准备要几个孩子？什么时候？

◆ 孩子主要由谁来照看？

◆ 有没有其他的人可以帮忙照看？日托中心？保姆？家人？还是都可以帮忙？

◆ 进什么样的学校接受教育？（私立学校 VS 公立学校）

◆ 接下来的几年应该以谁的事业为重？

◆ 收入差距何时会发生转变？对家庭经济关系会产生何种影响？

◆ 孩子的课外活动、看医生、家长会等由谁来安排？

◆ 紧急情况出现时，由谁来处理，比如小孩生病了？（是的，平时看医生做检查可以由一个人来安排，这种情况可以让另一个人来处理。）

◆ 谁来安排孩子的社交活动（和小朋友一起聚会、参加生日派对、夏令营等）？

◆ 未来事业有任何的变动，对家庭会产生何种影响，你能否预料到（比如：升职、充电或培训、调动）？

◆ 孩子未来的教育资金怎么规划，每年需要存款多少？

即便你们已经有了孩子，也可以做一个孩子的教育计划，只要他们还没有完全地独立，你就得考虑这些问题。例如你们需要讨论孩子接送、早餐谁做、家长日谁参加等，遇到特殊情况应该如何处理的问题（要不然就是到了一定的年龄段，有了校园生活需要你花更多的时间和精力去关注），或者孩子考上了哈佛想去读，你们是不是能支付得起的问题。

我倾向让收入较低的老公负责孩子的教育费用，特别是针对那些生活开支由女人承担的家庭。如果在日常的生活开支上老公帮不上什么忙，那至少应该负责孩子的教育开支。还可以开办教育储蓄账户（Coverdell Education Savings Account），参加529学费计划（529 college fund），为子女建立监管人账户。

如果一开始做规划就没有阶段性，没有计划好，感觉一团糟，现在想要亡羊补牢为时还不晚。不要乱了阵脚。你能做的事情很多，下面是一些建议。

首先，你要找出关键的“一件事情”。到底是哪件事情一旦得到妥善的解决，孩子就能得到更好的照顾，你的心情也能好起来？如果因为孩子把你的生活弄得一团糟，让你们两人的生活都脱轨，那就得找出扰乱你们生活的罪魁祸首。（虽说你想改善的不仅仅是一个方面。但是为了防止冒进，影响进展，我们可以先找出主要问题加以解决。）比如，你是不是想把孩子从日托中心接出来，给他找个全职保姆来照顾。这样你和老公每天就不必赶着去接送，早上能和孩子们度过一段欢乐时光。即便是下午五点有员工会议，也能从容面对，或者下班还能去健身房?

如果家庭账务出现赤字，需要重新考虑一下钱的花销去向问题，就要想办法避免额外的开支。给孩子找个全职保姆可能意味着你要放弃每年和老公共度二人世界的旅行计划，或者是安心在家过节，放弃全家人飞到西部公公婆婆那里度假。这都需要你去权衡。虽说，一开始会觉得很难接受，但从长远来看是值得的。因为这样你可以和孩子更好地相处，工作会更努力，也不至于太累。

例如我的造型师是位男士，娶了一位会计师。他们住在皇后区，有两个孩子，还不到五岁。作为一个双薪家庭，他们根本就没有准备好养育子女。和周边的邻居一样，因为两人工作都很忙，把孩子送去了日托中心。结果是，自从有了宝宝以后，两个人以前的恩爱时光烟消云散。每天晚上两人轮番给孩子们喂饭、洗澡。当妈的生了两个孩子，疲于应付日常家务，难以恢复身材和体力。家里两个熊孩子快翻了天，哪还有时间去健身房？他们的解决办法就是，请了个住家保姆，负责煮饭、整理房间（每周五晚和周日休息）。听起来似乎只有很少人能请得起。但是我的发型师告诉我，其实相比日托中心更便宜。因为给保姆包吃包住，替保姆省了不少钱。所以，请保姆的花费并不是很高。现在，两夫妻回到家，香喷喷的饭菜已经做好了。妈妈下班可以去健身，周六晚上夫妻可以和朋友们聚会，不用烦恼九点要准时回家去接保姆的班。

夫妻都要去争取更灵活的工作制。虽说，你们两人当中只要有一个能申请到灵活的工作机制就会很方便。但是两人可以都找经理去谈谈，可能有意外收获。当然约谈之前要认真阅读一下各自公司的规章制度。吉娜是一家大型制药公司的销售人员，生完第二个孩子后，非常想多陪陪孩子。她注意到，公司有“轮班”制。她可以和其他全职妈妈搭档，分担工作任务。代价就是收入会减半，但是这样并不会影响自己的医疗保险和退休福利。老公是吉娜同公司的软件工程师，也非常想找个搭档来分担。吉娜的收入高一些，但也不是很多。因为公司同意她采取更灵活的工作方式，她自己也很乐意。她不想辞职，所以这种轮班的方式看起来还不错。

并非所有的公司都会这样人性化。如果你们公司的规章制度中没有提到灵活的工作制，那你和你老公就需要跟领导去提议，看如何既满足你的需求（周五休息或者早上晚点上班）又能不影响公司利益（工作积极，更有效率）。最终，如果双方都无法争取到更灵活的工作方式，就该更务实一点，未来三个月或半年的时间找一份更合适的新工作。可以先将求职网上的简历更新一下，或许你会找到一份更好的工作，能提供更灵活的时间。

寻找后援团，不要孤军奋战。如果家里的事情快要令你抓狂，你需要加入同城或当地的上班族妈妈团，或者至少去线上论坛看一看。为了更理智、更智慧地处理问题，你可以参加每周六下午社区的亲子活动，接触一些同病相怜、志同道合的妈妈，或许能找到解决的办法。比如，怎么训练宝宝睡觉，从而让你和老公晚上都能睡个好觉。或者怎么跟老板申请更灵活的工作时间，而不影响你的收入或影响现在的职位。

主动寻求帮助。其实不用花钱，每天只要稍作调整也可以很好地照顾孩子。邻里间相互帮忙，会帮助你把家里的事安排得更井井有条。比如，可以和在家做全职主妇或煮夫的夫妻交换带孩子。看他们能不能帮忙放学后照看 6 岁的小朋友几个小时，然后你每隔一周的周五或周六晚上让他们的孩子在你家睡，这样他们可以享受二人世界？看邻居能不能早上送你的孩子去学校上课（因为顺路的缘故），然后，你可以每年帮忙报税（或者看有没有容易帮得上的忙）？

全职煮夫的不易

毫无疑问，女人当了妈妈还继续在职场叱咤风云，对家里肯定会有影响。一般说来，孩子还是希望有妈妈陪，尽管妈妈不在有“代替”者，但是这个人即便是爸爸也不行。上一章我们提到过的艾米和康纳，以前都会在孩子的便当上轮流留言。有一次参加孩子学校的家长之夜，他们发现大女儿将妈妈的留言条全都存下来放在课桌里。显然，少了妈妈的陪伴，女儿更珍惜和妈妈的联系。现在听起来可能有些心酸，但是作为一个职场妈妈，有时候迫不得已不能陪在孩子身边，只能换一种方式满足他们的期待。只要我们做好足够的思想准备，相信我们的孩子，以后同样也能成为有思想、有能力、有爱心的人。

实际上，如今像康纳这样在家当全职煮夫的家庭还是少数（女人养家的家庭中，男士也在外工作的还是占多数）。当我问到康纳，对其他想要成为全职煮夫的爸爸有什么建议时，他立即说道，想要胜任奶爸的职位，可不是一朝一夕的事情。其实，他以前想都没想过。

后来考虑到经济状况，这样做是最佳选择，才做此决定。他花了几年的时间才开始认同自己的角色，开始看到这样做给孩子带来的一些好处。现如今，正是因为康纳的悉心照料，孩子们这么健康阳光，个性自信，还显现出当领导的潜质。但是，他也毫不讳言做煮夫有不好的方面。比如，不像当消防员的同事朋友，工作中有挑战。但是男人混“妈妈圈”比想象中容易，现在孩子们大一点了，活动也更多，他也可以更自由地做自己的事。

那么什么时候最需要全职家长在家照看孩子呢？现如今这个问题很常见，却没有一个标准的答案。从家庭经济的角度来说，迫不得已要请保姆或送孩子去日托中心的时候，留一个人在家看孩子最合适，主要看两个方面：一个是现在的经济能力，还有就是未来的收入状况。如果现在有个家长的收入根本无法维持家里的生计（更别提请人照顾孩子）。那么，这个家长可以暂时留在家照顾孩子。

请注意措辞，是暂时。孩子终归要长大，你不可能永远在家当全职家长。因此，我的建议你听起来应该耳熟了。那就是留在家的这个父母如果今后还想回归职场，那至少不能完全脱离他或她所从事的领域，还得活跃在本领域。我所说的“保持活跃”指的就是，参加一些线上交流活动，自己接一些小型的项目，上个夜校或者通过参加免费的研讨会和线上课程温习技能。

现在舍不得花钱请人，以后代价会更高。即便是不辞职，也可以把孩子送到日托中心或是请人来照顾。如果以你们现在的经济状况，雇用费用太高了，就要考虑是不是留一个在家照顾孩子才实际。如果你们现在积极打拼，老公或你未来有可能挣大钱，那么你们现在花点钱让别人来照顾是值得的。要不然会错失事业发展的良机，以后收入减少，孩子却是越来越花钱的主儿。

如果老公准备在家带孩子，不管你的收入如何，老公也应该有自己的进账，不管这个钱有多少。全职妈妈都会挣点外快，何况是全职爸爸呢？我知道，不可能要求所有的爸爸都这样，这只是一种理想的状态。正如，我告诫那些职场妈妈，不管你要离开多久，要三思而后行，其实爸爸也一样。别以为爸爸在家带孩子就轻松，其实带孩子可不比上班，没得偷懒可言。如果他今后还想回去工作，会面临非常严峻的挑战，这一点毋庸置疑。社会对女性离开职场的态度比较宽容，公司也会在某种程度上习惯这种情况。你的简历上有两年空白也不是什么大忌，如果是男人呢？我想对男人而言，一定程度上会是很大的遗憾。

新手父母的十个原则

角色转换

当了妈妈，你就会有所体会：当你需要在妈妈、妻子和职场女性等多重角色之间不停地转换时，你会感到一种迷失，甚至窒息。到底自己先是一位职业女性呢，还是一个妈妈和妻子呢？

这种纠结不可避免，但却是不可取的（除非你喜欢自虐）。不要因为自己没有成为一个全职妈妈，就觉得“做得不够”，心存这类的想法。这样只会增加不必要的愧疚、怨恨和沮丧。凯利是一名

IT 经理，经常会去纽约出差，我们第三章当中曾提到过。有天我们一起吃晚餐，席间她坦白，大学的许多女同学，当年也是事业心满满，却选择了当全职妈妈，而自己则选择了事业。身为一名女性，似乎自己抛弃了母性的重要角色？同样的问题，那些当爸爸的男人却不会说“我选择了事业”。她一边说，一边漫不经心地吃着尼斯沙拉，眼神垂了下来，看得出来她变得沮丧起来。

“这就是一种没由来的不安全感，”我告诉她，“因为你只能二选一。既然你选择了自己的所爱，虽说不能总是陪在孩子身边，但是工作能给你带来满足感。孩子们也能感受得到。”

你要是产假后想重新回归职场，就需做好心理准备。刚回去工作估计会搞得你发疯，你最好要有这种认识。凯利承认：“对于我这种本来不是很想要孩子的人来说，一切都被打乱了。孩子一出生，我就受到了影响。也许这就是所谓的妈妈荷尔蒙……每天都以为，‘我明天就能狠下心离开。’但实际上，望着孩子那可爱的笑脸，我根本做不到。”她的收入比老公高两倍，而且她的工作有医保和退休福利。她其实真的很爱自己的工作。而且她坦言，自己是一个很适合职场打拼的女人。“我觉得那些全职妈妈值得钦佩，这个工作不容易。坦白说，对我而言，做企业高管会更容易一些。”

抓住机会

令人遗憾的是，全球有 178 个国家立法实行女性带薪产假，而美国并没有位列其中。（有 54 个国家立法保护男性的陪护假，这其中也不包括美国。）联邦法律规定，女人生孩子可以休假 12 周，但不保证任何的报酬。加利福尼亚州和新泽西州是美国唯一两个为女性产假和男性陪护假提供部分薪酬的州。据怡安翰威特福利顾问 (Aon Hewitt) 公司的调查称，只有 13% 的雇主保障男性陪护假的工资（随着创新企业不断设立新的公司标准，相信未来会有所改变）。2013 年，雅虎公司宣布男性员工将享受 8 周的带薪陪护假，而女性则能享受到 16 周的带薪产假。

更令人费解的是，许多的男性和女性居然有假都不休，原因就是害怕失去工作的动力以及影响他们在同事和老板眼中“良好、卖力的员工”形象。他们不想招惹那些没有孩子的员工的羡慕嫉妒恨。特别是有些男性放着陪护假不休，就是不想影响自己良好的工作形象，或者让别人觉得对职业不够尽职尽责。不幸的是，现如今男人要是把事业和带小孩放在同一天平上，还会招人白眼。

最新研究表明，那些顾家的男人会招致误解，被认为是不够专注，工作不够积极。休陪护假会被看作是一种懦弱的表现，要不就是“妻管严”。许多的员工还是会有男主外女主内的传统观念，虽然实际情况并非如此，但这种观念无疑会加深人们错误的认识。再加上休假没有工资，或者只有部分工资，无疑会给男性造成一种经济压力，只能默默地继续工作，不敢有任何的懈怠。

我们明白，职场的氛围并不像家里那么友爱，但也不至于毫无人情味。有子女的员工都希望公司能有一些政策对他们是有利的，或者以他们的职位或地位可以有一定发言权。按常理来说，比如，谁在事业上更有资本，能够自己拉活干，当一名自由职业者，在家兼职或是暂时在家工作，顺便来照顾孩子和家里？谁更有可能拿到公司的医保或其他福利？要是暂时在事业上放缓脚步或选择回家当全职家长，谁的心理素质更强，能应付过来？不管工作对你来说有多神圣，或者听起来有多“容易”，不一定是人人都能胜任的。

不要以为自己制订出计划就万事大吉，情况稍有变化，你就得见机行事。一位两个小孩的家长曾跟我谈到教养孩子和兼顾事业的问题：“这就是一个顺其自然的过程。你以为你可以依葫芦画瓢，有章可循。其实，远远没有你想得那么简单。”

这句话简直就是布伦达和詹姆斯夫妇的写照。这对夫妻居住在布鲁克林，刚刚迎来他们的第一个孩子。他们的女儿出生前后我都有跟踪采访，以便记录他们的心路历程，看看即便是他们做好了万无一失的准备，在想法上和规划上有没有什么改变。布伦达，现年31岁，在一家大型的非营利性组织工作，是家里的主要经济支柱。老公詹姆斯是一名自由作家，主动回归家庭，同时做着兼职。女儿出生前，这样的安排似乎很合适。因为布伦达也说，她“一心只想着自己的事”，一家人都指望着她的收入。而詹姆斯却对自己的事业没有那么高的期待。这对夫妻相信，留一个人在家可以照顾孩子，可以减少花费，这样的安排很完美。

但世事难料，女儿的出生让他们难以应付。一直以来，全家人都指望着布兰达的收入（还有家庭医疗保险），孩子的出生让她的压力倍增。她甚至用“神经衰弱”这个词来形容她有多害怕失去这份工作。尽管她和老板协商后，同意她每周三能休息陪孩子，并不扣工资，不过她还是需要另外加班加点来赶工。詹姆斯和她既要分别照顾小孩，又要工作，所以两人几乎没有单独相处的时间。

幸运的是，他俩零负债，但也没有存款。提到理财，两人都是菜鸟。他们没有抵押贷款，因为根本买不起房。他们连信用卡都没办，因为不想一堆的债务缠身。但显然，如今有了孩子，今后不能继续这样下去。如果未来想要有保障，他们现在不能随意花钱。依我之见，如果他们每周能找人分担一下照顾孩子的重担，让做父母的放松放松，还能排除杂念，好好地享受各自的工作。以他们现在的收入，这可能是一笔不小的花费。但是，从长远看来，会让布兰达在事业上继续进步，詹姆斯也会在写作领域更上一层楼，其实是值得的。在生活和事业的转折点上，他们不必事事躬亲。用布兰达的话，就是要“前卫一点”。

布兰达这样形容她的不安，她说得很到位：“眼看工作的责任越来越大，我的心里五味杂陈。正当我在工作上面临一个大展拳脚的好时机，却恰逢孩子出生。而如今，家里需要我更多付出，我却要把许多的工作带回家。多重的压力让我有点喘不过气来。”

时机，通常是女人们在计划生育时常常纠结的问题。就我而言，这个问题很难解决。你可以尽力做好规划，却不一定能准确地拿捏好那个时机（究竟什么时候生，是不是会和工作相冲突）。经验就是，尽可能地利用资源，随机应变；有机会就要抓住；随时调整自己的方向。

拟订备用方案

不言而喻，大家都该知道的，为了在关键阶段照顾孩子的需要，你需要事先做好计划和准备，以适应今后的安排（比如，休产假、孩子年幼、青少年阶段活动较多的时候）。并不需要你一次性地为这些阶段都做好准备，但是你要清楚自己在某个阶段，即将面对什么。可以计划的事情很多，可以是现在多省点钱，投资到老公身上，让他参加继续教育，或是技能上的培训，助他以后多挣点钱。而你可以多存点钱，以备家庭开支越来越多时能应付得过来。

现年36岁的伊丽莎白正为她39岁的老公在筹划。他们居住在纽约北部的一个小镇，老公莱恩从事建筑业，却一直找不到合适的工作。这对中产阶级夫妻，是一对拟订B计划的最佳案例：正在积极地做准备，为今后的孩子创造一个良好的环境，同时也是为了今后夫妻二人能有更多的选择，经济上更宽裕。伊丽莎白希望在家庭有稳定收入的时候，能在家当个全职妈妈。现在，她是一名自由作家，年薪约5万美元。而待业的莱恩，原本在一家面包店打工，薪水微薄。他们正计划着搬去俄亥俄州，老公能在那边找到更好的工作，也可以离家人朋友更近一点。“多年来的执念我总算是放下了，”她对我说，“其实一直都想在纽约生活下来……但只要老公能找到一份让他心安理得的工作，我就觉得我们的关系才算真正的平等。”

随时应对突发状况

俗话说人算不如天算。即便规划做得再好，也会因紧急情况的出现而打乱。生活节奏如此之快，要学会稍作调整去适应，不要为小小的挫败而纠结烦恼。要做好心理准备从容面对各种困难，孩子可能会生病，碰到脾气暴躁的老板，孩子不听话惹怒老师，任务没按期完成，孩子放学时间跟你工作相冲突，晚餐又晚了，上班时间要去开家长会，孩子乱发脾气，忘记去接孩子，错过孩子的独奏会和学校的戏剧表演，成堆的衣服要洗，乱糟糟的家要收拾，沾满污渍的地毯和家具，各种各样预料不到或不是那么“完美”的情况。带小孩的时候，不要事事太苛求完美。如果事情的效果并没有达到你所想，不要打击自己，“完成比完美更重要”。

乐观父母（PositiveParentingSolutions.com）网站的创始人埃米·麦克里迪（Amy McCready），也是《只说一次，孩子就会听》一书的作者，倡导零唠叨、零提醒、零吼叫的亲子沟通理念。我曾问过她许多育儿的问题，相信许多的职场妈妈也很关心：怎样接受自己不是一个完美的妈妈？孩子需要谅解什么，忘记什么？什么是该优先考虑的？关于这些问题，她是这样说的：

“我认为，要想不受内疚感的侵蚀，关键是把重要的事情做好——提高和孩子相处的质量。工作繁忙的家长很少有时间和孩子在一起，这是个事实，就让我们正视它。而和孩子在一起的时间，大部分都在‘命令、规范甚至教训’他们改正一些日常行为，或是教导他们如何做事情。结果，让父母和孩子都很不愉快。”

麦克里迪认为，要想减轻这种愧疚感，每天需要给孩子高质量的亲子时间——用她的话说，十到十五分钟“身、心、灵的交流时间”。你和每个孩子至少得有十分钟的交流时间。在这期间，根据孩子的年龄阶段，给予孩子你全部的注意力，和他一起玩他喜欢的活动。比如读故事给他听，和他一起玩乐高积木，在 iTunes 上听音乐。麦克里迪说：“身、心、灵的交流时间是专为孩子准备，帮助你融入他们的世界，一起做孩子们喜欢的事。”

育儿专家说，如果你每天保持和孩子进行情感交流，如果有一天错过孩子的排球赛，或接孩子放学晚了，孩子会更容易原谅你。每天花上十分钟，让孩子们知道你爱他们，保持情感上的交流会有利于亲子关系的发展。不仅你的愧疚感会减少，而且他们也会表现得越来越好。

我很喜欢孩子与父母这种身、心、灵的交流时间。事实上，这个想法应该普及，让孩子和家长享受亲密无间，毫无干扰的时光。

让孩子了解我们

12 岁的女孩玛歌·沃尔伯格（Margeaux Wolberg）一天被同学问起：“你是不是没有妈妈？”这么问是有原因的，玛歌的妈妈不像其他妈妈一样，她从没在学校露过脸。不论参加志愿活动或是去图书馆帮忙，每次来的都是她爸爸。那时候的玛歌显然已经习惯被人家这么问了。她拿出电脑，在谷歌输入她妈妈的名字，然后给同班同学看，她妈妈现在好得不得了，她的妈妈是贝宝的技术运营副主席。

这个有意思的故事就穿插在去年《金融时报》杂志报道“硅谷爸爸”的专题中。报道称，现如今，硅谷的爸爸们为了让妻子放开手脚去打拼事业，承担起了更多看家养孩子的责任。当我看到这则故事的时候，不由得为这些打破传统，事业取得如此高成就还能将家庭生活规划得这么好的男同胞深感自豪。报道的标题写道：“崛起的硅谷爸爸：越来越多的爸爸们，一边创业、用 Skype 开会，一边还要给孩子换尿布、应付孩子的无理取闹，因为照顾孩子而失眠。”

这则报道以现年45岁的柯尔斯顿·沃尔伯格（Kirsten Wolberg）为主人公。孩子学校许多活动她都没参加过，却不感愧疚。老公迈克尔曾是一名医药分销商，现在在家带孩子。柯尔斯顿和老公非常满意现在的决定，相信对两个女儿来说，这是最佳选择：妈妈给她们做出了一个好榜样。其实早在孩子还未出生的时候，他们就这么决定了。当时夫妻二人坐下来，就如何分担家务和照顾孩子进行了对话。当时，柯尔斯顿就跟迈克尔摊牌了。她认为非常有必要留一个人在家带孩子，但这个人绝对不是她。因为两人都很清楚，以柯尔斯顿的个性，绝对不适合当个家庭主妇。整天围着孩子打转，给孩子换尿布比较适合迈克尔，而柯尔斯顿比较适合上班。所以，这两夫妻一早就决定了如何来分工。

沃尔伯格真是一对模范夫妻。我很欣赏他们的坦诚，在孩子出生前，就开诚布公地讨论价值观，让彼此了解自己的需要。而且值得佩服的是，能把孩子教得这么好。（要不然，面对这样有些侮辱性的提问，孩子怎么能处理得这么得当呢？）我认为，父母应该在适当的时机，向孩子坦白家庭的运营模式和经济状况。

这方面我的建议很简单：基本说来，就是以身作则。不要特别跟孩子去说有关钱方面的事情。正如社会学家凯瑟琳·格尔森（Kathleen Gerson）强调的，对孩子来说，最重要的就是让他看到你热爱自己的工作。如果让孩子觉得你讨厌自己的工作，不管是办公室里的那份工作，还是家里的，你挣再多钱也没用，他们也不会认同的。

对孩子而言，家庭收入是次要的，父母潜移默化的影响是巨大的。要清楚自己的言语行为很大程度上影响着孩子的金钱观。根据

2011年，网站Creditcards.com的调查显示，孩子的金钱观很大程度上受妈妈的影响。研究人员对一千多名年龄在18岁到24岁的年轻人进行了调查。他们发现，有四分之一的人认为成长过程中，妈妈对他们的金钱观影响最大，而21%的人认为是父亲影响比较大。

在孩子金钱观念的培养上，无疑还是妈妈要打头阵。如果因为工作晚点、因为要出差，不能观看孩子的舞蹈表演，或是下次实地考察旅行由爸爸替代陪同，这时候要和孩子说清楚原因，让他们知道工作的重要性。不过还不到“我需要和你好好谈谈”这么严重。即便是学步阶段的孩子都能了解这个简单的概念：“买东西要钱的，妈妈现在要去挣钱帮宝宝买东西。”

即便你很擅长和孩子沟通，也不要过细地谈论你的收入。不要说什么“我的工资是你爸爸的两倍……”这类的话。你只需要让他们知道妈妈的工作是很重要的。妈妈的工作是他们快乐生活重要的保障。妈妈没有工作，就没有他们现在的生活。

学会妥协

虽说这是老生常谈了，但对于一直以来或某个阶段，女人收入都高过男人的家庭来说，这一点尤为重要。记者阿普里尔·丹博斯基(April Dembosky)就在《金融时报》的那篇“硅谷爸爸”的文章中，记录了多纳霍一家的生活。约翰·多纳霍是网站eBay（电子港湾）的首席执行官，艾琳是美国驻联合国人权理事会的大使。要说他们的关系是一种全新的突破一点也不为过。但他们认为这是他们婚姻出彩的地方。

现已步入知天命年纪的他们，从大学相知相爱，一同走过了三十余载，共同养育了四个小孩。一路走来，他们在事业上相互扶持，帮助彼此完成理想抱负，帮助孩子德智体美劳全面发展。很多时候，他们都是一个人的事业冲在前面，另一个则稍稍在后面支持。或者为了让另一个在学校进修，放弃在城市的工作机会。我喜欢他们用这样的词来形容他俩的关系：就是“伙伴关系”和“互相尊重”。尽管分工不同，因为职业的关系，两人在家务上从没有五五分之说。引用他们的话来说：“婚姻不是一门战术，而是一门哲学。”简单来说，就是告诉每个人在婚姻中要学会妥协。

其实，丹博斯基的报道反映了当前家庭很惊人的一些现象。正如我们在第一章中谈到，年轻女性比年轻男性更注重事业。有47%年龄在18岁到34岁的男性表示，当个好爸爸是最为重要的，而在1997年，这个比例只有39%。现在，爸爸们也已经感受到了家庭和工作的双重压力。这不单单只是女性面临的一个问题。两性都开始抱怨时间不够，特别是爸爸觉得和孩子相处的时间太少。

丹博斯基提到很棒的一点：在一些前卫进步的私有制企业，像是硅谷这种地方，随着时代的改变，会率先改变规则去适应，教养孩子的分工在这里已经发生了转变。她写道：“在广大的旧金山湾区，是同性恋争取权利而发动起义的地方，同时在这里，上个世纪六十年代反文化运动得以发展，让这里素有反社会传统的历史。男性摆脱传统的角色分工在这里并没有障碍。”她还引用《爸爸的转变》一书的作者杰瑞米· 亚当·史密斯（Jeremy Adam Smith）的话继续说道：“男性和孩子的互动决定了男人可以成为一个不一样的爸爸，粉碎了我们对男性传统的认识。做孩子的好爸爸已经不再只有一种模式了。”

当然，想做一个好妈妈也不是只有一种方式了。这一路上，我们可以自由地书写新的规则，祈祷社会规则、文化氛围以及官方政策和公司政策能与时俱进。我衷心地希望，那些具有前瞻性思维的地方制定的标准，像是硅谷这样的地方，能被其他企业所接受。（这绝对不是玩笑：脸书对旗下男女员工一视同仁，在孩子出世时，都有四个月的带薪假。而且还有4000美元的现金给孩子买婴儿用品。）

筹划未来

孩子一出生，这些都是必须要考虑的。下面谈谈我的具体看法。

生前遗嘱和信托：因为女性的寿命一般都比男性要长，所以立定生前遗嘱很有必要。这样，即便是收入发生改变，可能是退休、生病和/或者老伴去世，也可以尽可能地保证我们的生活质量水平。由于我们的寿命有可能要比老公长，如果立定了生前遗嘱，有信托对资产分配做了明确的规定，最后该如何分配我们的资产就由我们自己说了算。有了这样一份文件，会让你的家人知道，你拥有自己财产的决定权，不会交由法院处理，或者最后大部分被交税充公。医保委托也很重要。一旦你失去行为能力，或者不能为自己做决定的时候，他们能够遵循你的意愿，帮你指定人选代为管理。

找专业的遗嘱律师帮你制定一个生前信托，起草医保委托书和指定授权委托书。记住，你可以随时对遗嘱进行更改。建议每年可以更新一次遗嘱，保证它符合你的心愿。

人寿保险：在第四章中，我建议过大家给自己买一份人寿保险。如果你一旦有了孩子，或者配偶，对他们的未来是一个保证。但事实是，大约43%的职场女性没有买人寿保险。那么大的保险金额总让人觉得难以负担。现在，女性人寿保险的平均保额只有13万美元，还不到男性人寿保险平均水平的三分之一。如果你30岁，身强体健，有小孩，年薪5万美元，可以申请一年50万的那种保险。其实这种保险的保费一个月最多25美元。

准备大学教育金：你启动的越早，即使一个月只存50美元，孩子入学时拿到的就越多。其实有多种大学学费储蓄计划可供大家选择。529“学费计划”就是很普及的一种。这项储蓄计划是一项州负责的学费储蓄计划（每个州至少都会有一种529计划），类似于401K条款或教育IRA(Education IRA)，你可以将钱投资到共同基金。529计划的参与者在提取账户资金时完全免缴联邦所得税，并且许多州的费率也很低。要想提出资金，则必须用于学校开支，包括学杂费、宿舍费用、书本费、物资及费用等。你可以直接在你所居住的州申请529计划，也可以通过代理来购买。

根据2013年富达投资（Fidelity Investments）的调查显示，孩子未满十八岁的美国家庭，三分之二储蓄是为了孩子的大学学费，通过529计划能实现34%。注意：你一定要先保证把自己的养老储蓄和退休账户交纳完，有剩余的再去投资教育基金。因为，大学只用读四年，而退休可能长达三十年或更久。孩子们可以选择读得起的学校，他们自己可以争取奖学金和助学金，做兼职，解决学费不够的问题，帮你分担经济压力。你只要尽力就好，孩子会理解父母的处境。

父母要统一战线

夫妻间一旦观念出现分歧，后果不堪设想，严重的会导致离异，不管你信不信，事实就是如此。我曾问过一位闺蜜，是什么原因让她七年的婚姻走向终结。她跟我坦白道，其实就是两人对孩子的教育理念严重分歧，导致他们的婚姻最终解体。他们俩总是在漂亮乖巧的女儿的教养问题上发生争吵。她比较惯孩子一点，而爸爸就比较严格。她不认同老公对孩子起床、睡觉都有严格规定的做法。她有时候会让孩子喝巧克力牛奶，但是老公不允许。可能看起来这些分歧都很小，但是随着时间的积累，会慢慢地发酵，一点点腐蚀瓦解他们的夫妻共同体。

如果夫妻二人的价值观和想法有着天壤之别，对孩子而言简直是灾难。但是对待孩子教养的问题上，夫妻不需要事事一致，大部分时候站在同一战线就好。毫无疑问，在这方面学会妥协很重要。蔡美儿（Amy Chua）就曾在她的半自传书《虎妈战歌》（*Battle Hymn of the Tiger Mother*）中非常有趣地描写到她是怎么妥协的：如果她答应老公从小让孩子信仰犹太教，她就可以采取严格的教养方式。记住一点，众多的研究表明，快乐的孩子不一定是家里有个全职妈妈（或者全职家长）。快乐的孩子是出自夫妻感情稳定的家庭。不管是双职工家庭还是单职工家庭，只要夫妻感情融洽，孩子就会幸福。

万事不要追求完美

妈妈们不应该用自己的做事方式要求别人。斯莱特意见专栏节目 Dear Prudence（由艾米丽·约菲主持），经常会收到职场女性的来信，抱怨老公带孩子让她们不省心。因为他们给孩子换尿布、拍嗝、打萝卜汁的方法不对。约菲自己也是一名职场妈妈。她经常提醒其他的妈妈们，孩子没有那么脆弱，照顾他们的时候，不可能十全十美。只要宝宝健康，尿湿了的衣服得到及时更换、吃得饱喝得好，这样就算照看得当了。不要总是对爸爸的照看指指点点（特别是他也是好心帮忙），那样两人很容易吵起来，会伤害对方的自尊心，让他觉得自己的付出没有得到相应的尊重。为了和谐的夫妻关系，先把你的那些要求放一放。

做老公的精神支柱

现在的男性同样面临工作和家庭的平衡问题，和女性一样挣扎在家庭和职场之间。这时候最需要我们伸以援手。毕竟，女性面对这个问题的时间较早，经验更丰富。和女人一样，他们也希望在孩子的成长中扮演重要的角色，成为孩子心中的偶像。心理学家和育儿专家给予我们两条重要的建议。第一，要让当爸爸的了解家庭的社交事宜和孩子的日程安排，不要让他一个人游离于家庭之外。其实有许多的应用软件能帮你（比如，谷歌日历和 Deadline）或者你还可以采用比较老土的方法，在厨房准备小黑板，将日程标记出来，让大家都能了解。我和蒂姆就会用谷歌日历分享日程安排，如果有朋友聚会、家庭生日派对这种共同活动，会相互发出邀请。

第二，这条大家应该都很熟悉了，就是保持夫妻的沟通顺畅，配合默契。他的工作做得好，你就要点赞。你有什么要求，也要向他求助。提醒他（也记得提醒自己）和孩子的约会要准时到场。有些时候，比如在公园或游乐场，看到有些父母本该亲自到场，却只是发个短消息或打个电话来，我就心痛。我们大家都很忙，每天都尽量把自己的行程塞得满满当当。但是我们的孩子需要父母的陪伴，需要父母带给他们的安全感，需要被保护和关注。

做高龄产妇的代价

年满 35 岁及以上的单身女性注意了：如果你已经加入“高龄产妇”的行列（啊哈，超过 35 岁啦）还没遇到自己的意中人，但还是希望能有自己的孩子，可能是时候考虑该冷冻卵子了。你必须了解，女人到了这个年纪想要孩子会比较难。如果你想等到四十岁，去精子库做人工授精，那要考虑一下你的经济状况。这个费用会高得吓人，你还是提前准备吧。

相敬如宾

可能好不容易，你们夫妻两个达成一致，做好了家庭规划。就会有亲人或者朋友开始指手画脚，对你们的生活方式恶言相向。爸爸现在干起了妈妈的活儿，你们双方都没意见。但还是有一些老套过时的想法，认为男人应该如何如何。

2012 年，刊载在《彭博商业周刊》中的一篇报道中，记者卡罗尔·汉默维兹（Carol Hymowitz）表示，现在有一种新的趋势，却毁誉参半。“即便男人失业下岗，在家当全职爸爸也会被人看作是吃软饭。”汉默维兹写道，或者“他们会被看作是笼中的金丝雀，是一群打高尔夫的绅士们”。接受过我访问的一些爸爸都承认确实有这种看法在针对他们。全职奶爸莱恩（第五章中我们曾提到过）就说道，他离职后在家做起了全职爸爸，会经常遇到别人这样跟他说：“有人跟我说，‘我也很想跟你一样在家里玩。’当我跟他们解释说，其实在家工作更累人的时候，人家根本不理解。真气人！”

如果一个男人终日围着孩子打转，身边的朋友都是一群游乐场的妈妈们，无疑会影响他的男子气概，甚至会令他丧失男人味。但是如果你能支持他，关注他的情感需求，他会有一种满足感。记住，如果他知道自己做得不错，即便是需要做一些妈妈做的工作，让他感到不舒服，也会压制住，不让男人的自尊心作祟。值得高兴的是，现在的父母有很多的选择，不管以什么样的方式来为人父母，以什么样的方式生活，社会的宽容度都比较高。记住，生活的方式不是只有一种，要选择一种适合你和你家人的方式。

对于那些单打独斗的妈妈们来说，尤为如此。你们让人骄傲的是，即便没有帮手，还如此有勇气，精力充沛地做事。吉尔就是这样一位主人公，能采访到她我觉得三生有幸。她的收入是孩子他爸的两倍（他们在一起却没领证）。作为一名电视制作人，她是家里的经济支柱，却能做到对孩子随叫随到。她睿智成熟，一点都不像33岁的女人。吉尔这样跟我总结道："要说我对那些收入高过丈夫的女性有什么建议的话？不要太在意自己比对方挣得多，只管专注你的事业，一心搞好夫妻关系。老公能为你们的关系带来更多，这不一定是钱，却能让你受益。"多么真切呀！

法则八：简要概括

◆ 养家女人，想升级做妈妈，一定要提前做好准备，因为有许多工作是无法外包让别人来做的。

◆ "一切顺利"就好，不要总是想着"万事如意"和"事必躬亲"。

◆ 家庭规划要有阶段性，特别在教养孩子的问题上要分几个阶段。这样会让你生活得更轻松，让这个父母更容易当。要让对方了解，你的需要、需求和期望。别忘了把本章中的十条小技巧利用起来。此一时彼一时，为了保证计划的顺利进行，要不断地对计划进行调整，有时候是意想不到的、有时候是巨大的变动。当父母是一个"摸着石头过河"的过程，所以要做好心理准备。

◆ 如果有一定的经济实力，孩子年幼时可以考虑送去日托或请个保姆来照看。这个时候可能正是你打拼事业的时候。如果脱离了职场，会损失惨重，此时回归家庭肯定是得不偿失。孩子长大一点，更需要关注的时候，你可以多花时间陪陪他们。趁着孩子年幼，你可以多花点时间在事业上。

---

chapter 9

黄金法则九：厚脸皮才有免疫力

朋友间聚餐的时候，最爱八卦的莫过于家里那点事：哪家的女人比老公挣得多、谁家的老公吃软饭等。这些话题在朋友圈里总能产生爆炸效应，触动大家的心弦，开始大聊特聊。有人说男人要活得有尊严，收入绝不能输给女性；也有人说，巾帼不让须眉的新时代马上就来到了。问题是，如果被议论的是你自己，你该如何面对外界的评头论足和不谅解，甚至是旁人的冷眼歧视（某种程度上看不起你的老公）？我认为，一个智慧的养家女人，要用虚怀若谷的心胸谅解毒舌者，还要有铜墙铁壁般的厚脸皮抵御恶语的中伤。

那些八婆的质疑和攻击的言论，通常都是一种潜意识的羡慕嫉妒恨。有问题的是他们而不是你。当面对那些对你毫不了解，却振振有词企图评判你生活的人，也许会感到十分尴尬，但请你学着视而不见、听而不闻，当然，脸上还是要保持礼貌的微笑。久而久之，你会对此类情况习以为常，因为对别人的反应你已经了如指掌，知道如何去应付了。

那些闲言碎语或许给我们拉响了警报，但它在某些时候像是一场酝酿中的高收入女性与周围人的战争。如果你不懂得妥善处理，很快你的人际关系就会遭遇危机。

我都记不得有多少次吃饭的时候，账单是送到男生那里的。最近一次我们在加勒比海度假，女服务生给我和蒂姆一人一份菜单：一份是有价格的，而另一份没有。你肯定能猜到我拿到的是哪一份，对吧？当时，我问服务员为什么给我一份没有价目的菜单，她回应道："女士，这不应该是您操心的事情！"其实，这样的想法已经过时了。但是人们对成功的看法、对他人的偏见通常会影响到我们的行为，影响到职场女强人们如何处理日常的责任和义务。

我和老公也处于摸着石头过河的探索阶段。比如，对周围比较保守的人，跟他们谈到我的收入情况的时候，我也会毫不避讳地谈老公的收入，让他们知道我们的收入差距，其实我一点都不在乎。在钱的事情上，蒂姆和我的家里反应完全不同，我们都在纠结该如何处理。婆家人和许多家庭一样，家人很少公开讨论金钱问题。如果我们的财务有超支的迹象，或是告诉他们可能马上要去度假了，我就能感到公婆家里的氛围迅速紧张起来。这种状况主要还是蒂姆自己造成的，因为他总觉得别人对他有什么想法。而我娘家这边呢？如果买了件东西——不管是房子还是车子、毛衣，我老妈总会惊讶地问："花了多少钱，贵不贵？"这就是我和蒂姆两个家庭对钱表现出的两个极端。为了幸福生活，其实我们也在持续地努力解决这个问题。

在对这类夫妻的采访中，我发现有个很有趣的现象。一般来说，他们对女人养家的事实既不刻意隐瞒，也不会主动奔走相告。我的一个朋友吉尔，是一名电视制作人，她和同居男友育有一个 2 岁的女儿，她的收入是男友的两倍。她跟我坦白：“说实话，我跟家人朋友说起自己比他挣得多的时候都觉得不好意思。感觉这样会让他抬不起头。”莫妮卡，一名资深主管，两个孩子的母亲，在采访中透露：“因为我娘家那边比较保守，女人养家的家庭很少，所以有时候会遭遇异样的眼光。很多人知道后都很讶异，但我们绝对没有刻意去隐瞒什么。我们了解，有些人可能不认同，但是我们和他们的生活没有交集，无所谓。”

莫妮卡表现得很坦然，这一点值得嘉许。但事实上，很多女性对自己比另一半挣得多的事实总是遮遮掩掩。在调查中我也发现，一些养家女人会觉得社会不认同这样的家庭分工，从而刻意隐瞒收入，只为让另一半感觉好受一点。

这样做的原因很多，归根结底还是根深蒂固的性别偏见。女人不想让老公颜面扫地，男人也想在外人面前有面子。2010 年《纽约时报》就有一篇关于大女人的文章，描写那些收入高过另一半的女性。记者卡特琳·本郝德（Katrin Bennhold）在文中提到一名女性投资银行家，她的收入是另一半的五倍，是家里的经济支柱，主要负责那些隐形的大型开支，例如旅行。但是在人前，老公坚持由自己付款，用他的话说，不要让人觉得他像个“舞男”。

当然，这样“特殊的安排”不乏有点讽刺意味的成分。看起来女人也不介意假装她男人收入更高。为了和谐的两性关系，为了保全对方的颜面，女人不惜牺牲自己的形象，给人一种老公养家的假象。但是女人不应该让自己屈从于外界压力，刻意贬低自己对夫妻关系的贡献，或者说挣得多还刻意地降低自己的地位。

那该如何调和这种矛盾？如何在外人面前和谐相处，又能使夫妻关系更牢固？下面教你几招妥善处理这种问题的办法。我们从最重要的一招开始。

“谁人背后无人说？”接受现实，坦然面对。划清楚河汉界让人了解你的底线，特别是你想保护现在进行时的关系，不想受到外界的打扰。被问到不礼貌的问题可以坦诚相告，免得让别人打破砂锅问到底。“很多人问我是被解雇了，还是辞职了？”丹尼尔自愿辞职成为一名全职爸爸。他说道：“公司老板甚至怀疑我是不是给竞争对手效力去了。有人问我‘你还会回去工作吗？’我说现在是全职爸爸，许多人的反应是‘啊，你在带孩子！’我跟他们解释，其实在家当全职爸爸没那么简单，他们都不理解。”其实丹尼尔应该换个角度思考问题。如果这个八卦的人执意想挖人隐私，那他完全不必和对方客气：“我知道这样的选择不多见，但我很享受，也不期望人人都能理解。”不管是男人还是女人，遇到这种无礼的问题都会有种被欺负的感觉。但是，我们要为自己的选择摇旗呐喊，面对事实坦坦荡荡。谁知道呢，说不定多管闲事的贝丝大妈会为你“不同寻常”的潇洒态度所感染。

如果生于文化保守，对性别观念还停留在18世纪的家庭之中，男主内、女主外的两夫妻恐怕更难向家里交代。艾哈迈德和法拉，我们在第三章中提到过的一对巴基斯坦夫妻就是如此。艾哈迈德在家工作，带三个孩子，而妻子是一名医生，长时间在外工作。艾哈迈德承认：“对我们夫妻来说，这种角色分工适应起来很具挑战。”他母亲从巴基斯坦过来，一待就是两三个月。妈妈在的时候，会说些不太中听的话，他也尝试着不去理会。当我问起，他妈妈说了些什么的时候，他笑得很尴尬。他告诉我，她妈妈觉得自己和媳妇是两个世界的人。他又说道，其实他妈妈也不想“评头论足”，但是，她偶尔也会提及：“唉，你媳妇不怎么帮忙哦，你孩子需要妈妈呢。”其实就暗指我的妻子法拉不像是一名来自东南亚的传统妈妈和妻子，不像是“老家”那些女人那么贤惠和圆融。艾哈迈德力挺老婆和现在的这种生活方式，跟他母亲这样解释道：“这里不像家里，一周的忙碌过后，周末希望和家人一起聚聚……我们不希望周末有太多的社交活动，只想专心和孩子相处。”

帕特里夏来自一个保守的尼泊尔家庭，她也要面对同样的尴尬。她说：“不管我挣多少钱，他们都觉得做饭、打扫这些家务事由我来做是理所应当。我家里人还因为我不会煮饭，不会做这个、那个的批评我。我正准备请个家政服务工来家里一周打扫一次，省下这些时间来工作。”不过她还是很乐观，用调侃的语气说，“如果我在家庭聚会时，拿着印度熟食店的咖喱角吃……会有人开玩笑说‘哈哈，这是你做的吗？’我会说‘哈哈，这是用我挣的钱买的。’”

其实，在如何处理愧疚感上，我们也大可脸皮厚一点，磨炼一下自己的心理素质。例如，艾丽西亚和西蒙这对夫妻我们在第七章中提到过，他们正在为平衡生活和工作而努力，希望不久能有自己的孩子。对自己不仅比老公挣得多，还比朋友挣得多，艾丽西亚是这样想的：“其实，在收入方面成为朋友当中的佼佼者让我很纠结，有种愧疚感，总觉得自己该请客付钱。”

我特别了解为什么艾丽西亚会有这种想法，因为我曾有同样的感受。这就是我们这类女人存不住钱的原因，因为我们天性就愿意去照顾别人，拯救世界。但这种生活方式并不明智。一分一毫对未来都会产生影响，稍有不慎自己的经济状况就会出现危机。我们需要抑制住自己为别人花钱的冲动，处理好内在的压力，不要总是给人去付账。你应该了解我的意思。你曾遇过多少次别人指望你付钱的情况？账单来的时候，好像只有你一个人注意到或者节假日的时候，兄弟姐妹理所应当地等着坐收你赠送价值不菲的礼物，而他们根本没想着给你送些什么。你的钱也是辛苦得来，没有义务为周围的人埋单，把钱打了水漂。

当然，有时候女强人的那种愧疚是一厢情愿的想法。艾丽西亚的朋友其实并没有因为她挣得多而给她施加压力，也没有因为AA制而感到不高兴。反而是艾丽西亚自己拿别人的经济状况和自己作比较，认为朋友要养孩子，每月入不敷出，如果她不请客会觉得不好意思。

你需要明白，别人怎么想或是他们的期许跟你都没有关系。别人的想法你改变不了，所以干脆不要去尝试。只要清楚自己的想法，知道对你来说什么是最佳的、最理性的处理。所以我建议你在某种程度上可以忽略别人的评头论足，但要尊重他们的看法。嘿，别人可能永远不会站在你的角度来思考，去理解当一个养家女人的辛苦，或许他们永远秉持那种守旧、过时的文化观念和性别成见。说白了，他们的想法跟你没有实质性关系。

如果下次别人再八卦，你可以用智慧幽默的答案堵住他们的嘴巴。下面是一些某天你可能遇到的八卦问题和我建议的答复（一些是来自自己的亲身经历）。

◆ 你老公怎么不去读研呢？“问得好，如果读研对他或他的事业有所帮助，我们肯定会慎重考虑的。”

◆ 你老公一天到晚在家跟孩子都做什么？“他什么不做呀？简直是太忙了，有时候我觉得跟他比起来，我太懒了。”

◆ 你老公没你有上进心你不介意吗？“那你对‘上进心’的定义是什么？（短暂的尴尬过后）哦，你是说事业上吗？我觉得他热爱自己从事的事业，很难能可贵啊。”

◆ 你没想过当个全职太太，放弃事业吗？ “当然，万事皆有可能。”——转移话题。

◆ 一个星期和孩子相处才短短的几小时，难道你不担心？没有一丝愧疚感吗？“没有啊，我的孩子不需要我整天陪着。比起一切以孩子为中心的相处，我们在一起的时间品质更高，只是你不了解罢了。”

若是这些版本的回答还不足以让对方停止发问，也不要乱了阵脚。毫无疑问，生活中热衷八卦的人前赴后继，戴着“我这是关心你”的面具，把他们错误的想法强加于你。吉娜刚刚生完孩子，周围尽是指责批评之声。别人觉得她有三大罪：小孩是非婚生子，她的收入比另一半高，还有就是另一半在家当全职奶爸。吉娜知道大家在她背后议论纷纷。最看不过的当数她自己的母亲。她妈妈对女儿这种生活方式极不认同，特别是女婿收入寒酸的事。

当我听说吉娜的母亲宁愿女儿嫁给一个不爱她的有钱人，也不愿意她嫁一个爱她的穷鬼，我很震惊。当吉娜告诉她母亲她要重返工作岗位，让菲利普在家带孩子时，她妈妈控诉菲利普在“利用”女儿。吉娜则回应道：“这是两厢情愿的。”她提醒母亲，其实最辛苦的莫过于带孩子啦。

吉娜是个坚强的女人。她知道自己要什么，知道什么对孩子来说是最好的，她的话听起来是那么振奋人心："一句话，我知道我老公是个什么样的人，知道他能干些什么，干别人什么事。如果我就是想照顾全家，这样我觉得幸福，你管得着吗？为什么我辛苦赚钱养家还要饱受批评？"

对此，我举双手赞同。

给足男人面子

虽然前面我曾教过大家这一招，不妨再强调一下。大部分人应该都有心怀偏见的朋友或家人，不要与之发生正面冲突为好。林恩和乔丹夫妇，老公乔丹收入微薄，但是和岳父岳母一起吃饭时都会主动去付钱，避免娘家人不高兴。"我的岳父岳母觉得我的收入比他们女儿少，是在蹭她的钱花。虽然嘴上不说，但我能感觉到。"所以，为了避免不必要的不愉快，和岳父岳母吃饭，乔丹会主动拿出他们夫妻的联名借记卡刷卡付钱。"虽说是我们夫妻共同的钱，谁去付都没关系，重要的是，要让我的岳父岳母看到我也是有贡献的。"

当然，你不需要次次都在人前上演这样的戏码。有些人肯定会想，根本就没这必要。在有些人眼里，老公充大头的做法很荒谬。（别人怎么想跟我没有半毛钱的关系！）不过确实有一些"其他人"，一些"判官"像是岳父岳母、公公婆婆、闺蜜死党，这些身边人的言谈和表现往往会影响夫妻两人的心情和关系。和他们在一起会有一种很微妙的变化，促使你有意识地让老公签单，化解紧张的氛围。即便是用你的钱，也觉得值。

该闭嘴时就闭嘴

劳瑞·浦安（Laurie Puhn）是一位性治疗师，《让爱多一点，争吵少一点》一书的作者。她倡导，夫妻两人首先要达成共识，哪些家庭内容可以对外人说（外人包括你们的父母、兄弟姐妹、朋友、同事等）；而在财务状况上哪些不对外公开。你肯定会有不介意和家人朋友讨论的部分，也会有禁区是不愿向外人公开的。在这个问题上分寸十分重要。夫妻共同认定哪些该说，哪些不该说，并坚持原则，这是建立夫妻之间信任和忠诚度的关键。其实，这又再一次强调了夫妻关系是重中之重。外界或许会对你们指指点点，但归根结底只要你和另一半幸福、满足就够了。如果你母亲想插手干预，为什么还要给她留下口实的把柄呢？

只要你与众不同，别人必定会对你品头论足，又或者别人觉得你们夫妻的经济关系不寻常，也会颇有微词。关键是你要有原则，并不是所有事都要开诚布公。

比如，现在大家都知道我比蒂姆挣得多，但是到底我比他多多少，或者我们各自的收入到底有多少，别人管不着。我认为这是隐私。相信我，别人一问起我和蒂姆的具体收入，那不好意思，我会立刻回应：“这件事我们不方便谈。”或者：“这是隐私，不便透露。”

还有一个版本，相信女汉子们喜欢：“我挣多少钱，关你什么事！”

付出多一点

老夫老妻们都会告诉你，幸福的其中一个秘诀就是要常态化地培养夫妻感情，使夫妻之间更亲密。我和蒂姆就喜欢周日早上赖在床上窃窃私语。工作繁忙的职场女性也要定期约会，约会时不谈工作，甚至不能谈孩子，找一找恋爱时浪漫的感觉。听起来会有点傻，但是每周的床戏不能少，要保质保量。要是夫妻性福不能保证，说明两人在某些方面出了问题。

我一直都在强调要尊重男性。你要负责贷款，或许会有压力。但并不代表你的另一半没有。收入比另一半高的女性都知道，愧疚感对人的影响很大，对你对他都一样。毕竟，是你在付账单，而他作为一个男人“本该”担起养你的责任。我相信，有时候他不能给你买中意的包包，他也会失落或者沮丧。如果他帮你解决了烦恼，把某个要扔的东西修好了，或是坏掉的橱柜整修了，会让他有成就感。可能有些让我们这些新时代女性很烦恼的事情却能被男人们轻松搞定。

法则九：简要概括

- ◆ 当你的收入高过另一半，别人的指指点点和不公的评判肯定会如影随形。请不要诧异，你要学会接受或反驳，学会处理人家的“建议”和意见，特别是至亲挚友们的话。
- ◆ 对那些常见三八问题，想好对策，打好腹稿，沉着应对。
- ◆ 和另一半商量好哪些可以分享，满足别人的好奇心，哪些是不能公开的。这样，在遇到不理解你们的人，或是不尊重你们生活方式的人时，能让夫妻俩站在统一战线一致对外。
- ◆ 你要了解一点，不仅只有你要面对那些不知所谓的闲言碎语，你的另一半也会被人说闲话。所以，你们要保持通畅的沟通，注意关照对方的情绪。

chapter 10

黄金法则十：深呼吸，放轻松

本书开篇，海量的事例和数据足以证明发达国家的职场女性正在努力寻求自我。虽然工资卡里的数字能吓男人们一跳，但也正因为女性高收入引起了许多家庭问题。不得不承认，不管是从保健、教育、服装到 IT、物流等行业，女性所处的职业环境的开放性是前所未有的。

女人不再是柔弱的代名词，我们能自立自强，靠自己的努力拥有自己的房子、车子。我们依靠自己的能力可以获得高学位，进入跨国公司，获得高薪职位。如果我们愿意，没有男性伴侣也能生儿育女，当个独立的单亲妈妈。（我想，通过神奇的科技，女性甚至能提供 Y 染色体，但是我不会这么去做。）但如今，我们许多人面对幸福，只能望而兴叹。对于大部分的人来说，只有夫妻关系和谐，才能达到幸福的终点。

那么，在前行的路上我们该朝向何方，如何将这场颠覆社会传统性别观念的思想革命推向一个新的高度？首先，我们要按照新的规则来生活，像经营事业一样去用心经营我们的夫妻关系。既然我们会用金钱、地位、名誉这些去量化个人在事业上的成功，那么在家庭生活方面，我们也应该反思一下家庭生活指标。在老公的事业关键期，你有积极助力吗？回家晚了，老公会在门口翘首以盼还是不听解释大发脾气？是不是没有拌嘴就能把家务轻松搞定？大家谈到钱，或是做经济决定的时候是不是心平气和？你们“性福”吗？亲密吗？夫妻生活是平淡无奇，还是充满负面情绪？孩子是不是健康成长？简而言之，你们快乐吗？

如今“快乐”一词承载的内涵太多太多，我们不懈努力却还是无法掌控。今天可以很快乐，但不意味着明天还是如此。即便生活挑战不断，每天都要承受各种压力，仍旧抵挡不住我们追求快乐的决心，它仍然是我们最想企及的目标之一。人人都了解什么是快乐，但它要么伴你左右，要么让你望尘莫及。

要说养家女性有什么可以为之自豪的，那就是坚忍不拔的精神和勤劳奋斗的品质。今天的成绩都是我们为之努力的结果。要想让夫妻关系更和谐，还需要格外加油。（遭遇死亡、离异或者不幸的状况，会让我们伤心难过，但我们还要努力绽放。）我知道你能做到，作为一路披荆斩棘的女性开拓者们，正如最后一条黄金规则所倡导的，要记住调整呼吸。只有如此，我们才能冲破职场天花板；只有如此，我们才能摆脱性别成见和社会歧视；只有如此，我们才能给下一代留下可承继的财富。毕竟，这才是我们为之奋斗的意义，不是吗？我们希望下一代女性能有同样的决心和骨气将革命进行到底，能够爱情事业两得意。

主动寻求帮助

深呼吸放轻松的核心精神，能让我们更清醒地意识到这场新时代的革命的意义，使得越来越多的个体，不管是男性还是女性，在滚滚大潮中找到幸福。女人不再迫于生计，迫于家庭压力去结婚，为了提高自身社会地位去依傍豪门。我们自己就可以成为豪门女。

传统上来说，如果嫁的人没你挣得多，会被称作是“下嫁”。这让我感觉很好笑，听起来好像这是一桩坏事。但万幸的是，研究表明，女性嫁给收入比她低的男性，反倒会在事业上的作为更大。

有些社会学家建议养家女性，刻意选择收入比自己低的男性为伴。他们认为，这样的男性更有可能去照顾孩子。对此，我不买账。我认为，如果高收入的女性在寻找真爱的路途上，刚好遇上一个人，各方面都合适，就是收入比她低，他们可以通过努力，缩短收入差距就好了。如果把与收入、教育程度比我们低的人结婚称作“下嫁”，那这是一种公然的侮辱，明显的性别歧视。这可以说是双重标准，因为一个拥有大学学历的职场男性娶了一个没有受过大学教育的女人，没有人会称其为“下娶”。为什么如今调换一下角色，大家就这么说呢？

目前社会对角色转换的好坏，没有定论。关键是，谁操心这个？有些女性会觉得另一半感觉失落，自己也有责任。要我说，不要这样认为。只要将本书中的规则运用好，你们夫妻俩完全可以开辟一条新的道路。即便是面对如今社会的重重压力和标准，你们也有希望到达幸福的彼岸。

在本书中，我曾多次提到对待生活工作，秉持一切顺利就好的观念，不要贪图事事完美。追求完美，对谁来说都是不可能完成的任务。遇到困难，尽可以找人帮忙。这样会让你的工作更顺利、事情进展更有序、更轻松。遇到需要磨合，或者难于处理的经济问题，我建议大家寻求专业帮助。如果你是一个喜欢事事自己掌控的人，这可能是你该遵守的第一原则。一旦遭遇分歧，遇到难以处理的问题，金钱地位、谁占主导这些问题就凸显出来了。你的收入高过对方，这个事实会让问题复杂化。

不要以为自己是万事通。即便医生也需要请人为自己看病，理财专家也需要别人帮忙。我也不例外。虽说我的职业是专门给人提供理财建议，但不意味着我在做决定和选择的时候不需要听取别人的财务建议。我身边就有一群值得信赖的理财专家，当我面对某些困难时为我出谋划策。不要小看专家根据你具体情况、分析风险因素后给你的专业意见。自己解决不了的问题要找专业人士。（任何问题都可以，不管是规划上的，像是给孩子储蓄教育费用，还是心理方面的，像是劝导另一半，其实一些既定的做法不一定有利于你们关系的发展。）

当夫妻之间出现问题时（很多问题涉及家庭财务状况），接受一点夫妻行为治疗也未尝不可。进行一点心理咨询能让夫妻俩在情感上更加相互理解，避免更多的冲突，更好地达成共识。财务纠纷是夫妻关系破裂和离婚的罪魁祸首。所以，你要是不想自己走到这一步，需要有先见之明，及时发现问题，主动接受帮助。对于高收入女性尤为如此。虽然听起来会有些难受，却是在鞭策你，相比传统的家庭，高薪女性的家庭需要更庞大的团队来支持。虽说，老公可能会承担起一些重要的家庭责任，但不见得对夫妻关系的发展是最为有益的。你要分清界限，维持好的经济状况和维系好夫妻关系是两码事。

因为爱，所以爱

生活总是变幻莫测。我们切记要随机应变。虽然我反复强调做计划时尽可能考虑周详，但并不意味着排除随机应变的可能。

就因为是女人养家，这种独特的家庭形态，需要我们付出更多的时间去关注和经营。这更能坚定女人追求快乐人生和家庭事业双赢的决心。我认为成为养家女人对婚姻有潜在的六大好处。

◆ 女人出去工作是家庭的双保险。现如今，双职工家庭很普遍，因为单靠一方收入支撑一个家庭很难。不管老公的收入有多少，如果妻子在外工作有不错的收入，一旦经济上遇到跨不过去的坎，还可以缓冲一下。总体上，女性一生要比男性更需要钱花。不仅仅是因为女性的平均寿命比男性多5年，还因为从美容按摩到包包高跟鞋，女性在各个方面都要花钱，这一点在某种程度上要归咎于零售业的性别歧视。挣钱和存钱能为我们退休后的生活带来更多的保障。这种在财务方面的使命感其实很好。凯瑟琳·格尔森（Kathleen Gerson）说：“对于女人来说，能自立自强是一件值得自豪的事情。”就像我丈夫说的：“快乐生活从妻子快乐开始！”

◆ 你能给家人带来更多的机遇和可能。收入更高，让你有更雄厚的经济实力投资在另一半身上，以便获得更高的收入。你想想，有你做经济后盾，老公可以去读研究生，换更好的工作，做生意获得更丰厚的回报。这种投资对家庭人人有益，特别是你们准备要孩子或是孩子即将出生的时候，如果你想暂时离开职场，在家当全职妈妈，他可以暂时顶替你来养家。

在另一半身上投资，不久的未来他必定会回报你和家庭。克里斯蒂娜，以前从事自由编辑工作，收入比丈夫高。如果要在丈夫身上投资，就意味着要把她婚前买的房子卖掉，搬到洛杉矶的郊区，这样作为一名专业摄影师的老公才能有更多的工作机会，真正有所发展。“为了老公的事业发展，我在经济上真的做出了很大的牺牲，”她说，“这个过程中，我也有压力大、沮丧的时候，有时觉得没希望了。虽然漫长，但终归我的‘投资’有了回报，现在我们生活得很好。”随着老公的事业越来越好，家里又有了两个小男生要照顾，克里斯蒂娜放慢了职业的脚步，转行房产业，肩负起了照顾孩子的主要责任。有一天，她或许会重操旧业，但是现在，一切都很好。

◆ 可以让孩子爸爸肩负起家庭的重担。高收入的职场女性，工作繁忙，很乐意看到父亲和孩子打造高质量的亲子时光。不管这个父亲是一个负责日常生活的全职奶爸，还是工作时间很灵活、收入虽然没有老婆多，但主动积极的老爸，都能为家庭带来更多的贡献。研究者称，这是幸福婚姻一个很关键的因素。实际上，根据最近杨百翰大学（Brigham Young University）和犹他州立大学（Utah State University）的一项共同研究表明，对夫妻双方来说，成功的婚姻关系在某种程度上建立在母亲怎样看待父子或父女关系的基础上。

还记得艾米吗？那名高级业务主管，她的老公康纳，原是一名消防员，后来在家当起了全职爸爸，近20年之久。她这样跟我形容她一天的生活："我早上8点就出门工作，晚上8点才回。这一天，我的老公修好了家里的几个橱柜，修好了卧房的门，还整修了两个漏水的水龙头。他还清理了最近被风暴吹乱的蹦床，去超市做了采购，带女儿去看了眼科医生，然后准备了晚餐。对此，他还毫无怨言。当我告知他这次的采访，他说'总有一个人，不管是男人还是女人，需要待在家里照顾小孩，把家里该做的事情做好。'我太幸运了……晚上在家我只要陪着老公孩子就行了，这才叫快乐而奢侈的生活。"

◆ 你可以再得寸进尺一点。一些女性向我坦承，虽说她们愿为孩子付出一切，但要说到是陪孩子参加训练课程快乐，还是参加董事会议更加快乐，她们直言当然是后者，而且一点都不觉得这会愧对孩子。正是她们的收入、福利和年终奖金点亮了家里的灯光。对此，她们非常地自豪。她们同时了解到，工作不仅能为她们带来快乐，还能为家人造福。所以，如果老板提供了升职的机会，每个月可能有几天不能和家人团聚共进晚餐，她们没必要纠结什么，一定去争取。

◆ 孩子会更懂得珍惜母爱。格尔森在书中描述了他对调查结果的观察，请牢记："尽管大家都担心妈妈长期在外工作，孩子会不会缺少母爱。但是，没有哪个人说过孩子受到忽视，是因为妈妈工作的原因。相反，我们更多地认为母亲去工作是母爱的一种表现。"

◆ 做孩子的榜样，给他们留下精神财富。在婚姻的道路上，在共识的基础上，你和老公转变了家庭经济形态，生儿育女组成家庭。同时，你也有责任为孩子树立榜样，特别是女儿。因为，她会以你为标杆。女儿们都深信，她们有朝一日能成为一位高收入女性，事业成功、婚姻幸福、家庭美满，不管收入多少，只要能成为妈妈那样的人就好。

远离是非旋涡

要澄清的一点是，本书中提到的这些规则、经验或是想要传达的资讯，并不是想煽风点火，挑起职场妈妈和全职妈妈间的战争。全职妈妈或许没有为家庭贡献经济收入，但为了家庭也算得上鞠躬尽瘁。她们当中许多人有一天或许也会走入职场，担起养家糊口的重任。

对于这些全职妈妈和全职爸爸，我们要心怀感激，正是他们让家庭生活正常地运转。在学校、慈善机构和社区通常都有他们默默无闻的贡献。毕竟，我们都有共同的目标，那就是健康、快乐，做一个有用的人（又再一次提到了这个词：快乐）。没有他人的给予，我们是无法获得快乐的，这跟你挣多少钱没有关系，跟你是不是有一份“正经工作”也没关系。我们同时也是在为他人而活，知道每天的劳动能为他人造福。

作为一个收入高过老公的女性，难免会遇到各种敌意。某些时候你还会受到威胁，被人冒犯，遭受别人的评头论足。你也许自己都没想过，自己也会对别人指指点点，即便明知道不该那么去做。有时候你会觉得万分惭愧，被她们默默无闻的付出吓到。（这些人不是别人，正是那些在家当了二十多年全职妈妈的人。她们把青春都献给了家庭。）

要正确地接受这个现实，把眼光放远一点。引用谢丽尔·桑德伯格那鼓舞人心的话："性别战争该立即停止，让我们和平相处直到永远。只有我们将那些让我们束手束脚的观念打倒，才能赢来性别真正平等的那一天。不能坚持自己的方向，被别人吓倒无异于丢盔卸甲。相反，我们要拼尽全力冲破这些束缚。"

桑德伯格还呼吁社会应该改变观念，为女性营造更好的氛围，让这些女性更自信，对她们所承担的角色给予肯定，对她们没能尽到的义务给予宽容。特别是对于那些"养家女性"来说，尤为如此。身为女人，自己有实力养家为何要感到羞耻呢？谁说孩子妈妈从没去过学校，就该在朋友面前觉得不好意思？我们需要改变这种观念。其实这种变化已经开始了。如果你已经读到这里，说明你已经加入我们的行列了。很快，我们就会看到工作标准朝更加灵活和公平的良性方向发展，更支持我们，让我们更强大。这样让我们不管是作为个体、妻子还是母亲，才能义无反顾地在职场奋力拼搏。

读完本书，希望你能有所收获。在事业上更加胆大放手一搏，在家里对老公更加温柔恩爱。那些充分发挥自身才智的女性，也能将这股劲用到夫妻关系上，使其更坚固、更丰富。她们能和孩子们分享成功的经验，让这些孩子内心燃起希望，有朝一日能成为和妈妈一样成功的人。当我们自信的时候，做出的决定会更明智，不管是财务方面还是其他方面。我们会传递给家人正能量，让他们去实现自己的人生目标。你要用自己的成功，给这些年轻男女树立榜样，让他们长大后也能建立一个幸福美满的家庭。换句话说，把爱传递下去。

让我们共襄盛举

写本书的初衷来自于某天晚上我写日记时，头脑中闪过的一个想法。当时想，现如今我吃穿不愁，事业爱情两得意。我爬上了人生的高峰，拥有远大的抱负，靠自己的努力实现这一切。但我的香槟在哪呢？为什么没有更多的人和我一起举杯欢庆？

突然，我觉得自己有点失败。我辛苦赚钱养家，却要面对社会的重重敌意。

但现如今，是我们共襄盛举的时候了。我首先举杯，感谢那些赚钱养家的女性，感谢身后默默支持、爱她们的另一半。

希望你能了解，本书不仅仅是针对某个女性群体的一本实用指南，更希望通过此书吸引千千万万的女性，都能加入到这场革命运动中来，推动社会的进步。我希望你能点击网站 www.facebook.com/whenshemakesmore 和 www.whenshemakesmore.com，继续参与我们的讨论。在这里你能和我们探讨议题、分享观点、相互支持。这里还将为你提供资源和实用的技巧，阅读到此书中一些女性的采访，学习到更多的东西。当你是收入更高的那个，知道怎样能达成目标，幸福生活。

现在，请屏气凝神，迈步前进！

致　谢

虽说写书的想法最初来源于我，但仅凭一己之力是无法让此书出版成册的。这还要感谢“梦之队”成员的支持与协作，才有本书的问世。

首先，我要感谢我的文学经纪人，也是我的朋友邦妮·索洛（Bonnie Solow）。生命中难得遇到这样无条件支持你的人，即便是在你自己都想放弃的时候依旧对你充满信心。对我来说，邦妮就是这样一位贵人。在前期的准备阶段，我曾一度想放弃这个写书的计划，对自己产生了强烈的怀疑。但邦妮从未质疑过我。正是她一路不断给予的支持、引导和真诚的建议照亮了我前行的路。是她为我小小的想法插上了梦想的翅膀，助我冲上了从未想象的高空。

我还要感谢我的写作伙伴，克里斯汀·罗博格（Kristin Loberg）。她才华横溢，对此书的投入度无人能及。现代女性面临的困境，不仅仅是与合作伙伴的相处、工资的高低那么简单，往往考验的是一个人的心理素质，而不仅仅是她的能力。克里斯汀表现得比我更加勇敢、更加智慧，一路上孜孜不倦，为了达成目标，掌舵导航表现出极大的勇气。她简直就是上天派来的天使，正是因为她，才有了此书的字字珠玉和灵魂。在这个过程中也让我收获了一位可贵的朋友。

感谢著名编辑卡洛琳·萨顿（Caroline Sutton）以及来自哈德逊街出版社（Hudson Street Press）的专业团队，克里斯蒂娜·罗德里格斯（Christina Rodriguez）、考特尼·诺比尔（Courtney Nobile）和阿什利·帕蒂森·麦卡（Ashley Pattison McClay）。是你们的慷慨接纳成就了此书的出版。谢谢你们的指导、支持和耐心！

我还要感谢我的智囊团，是你们帮我出谋划策，让我的观念得以与全世界的人分享。这些人包括世界上最棒的经纪人亚当·克斯讷（Adam Kirschner）；还有令人敬畏的海蒂·克虏伯（Heidi Krupp）领导的强大的克虏伯公关公司，为本书宣传造势，以及我的数字营销专家塞琳娜·苏（Selena Soo）。我还要感谢拉米特·塞西（Ramit Sethi）、卡维塔·帕特尔（Kavita Patel）、德里克·哈尔彭（Derek Halpern）和纳塔莉·卢西尔（Nathalie Lussier），谢谢你们宝贵的回馈建议和一直以来的鼓励。感谢谢丽尔·宾尼（Cheryl Binnie）为我搭建线上平台。感谢亚当·谢尔（Adam Scher）和克里斯·朗格（Chris Langer）负责此书的色彩印刷。

我还要特别感谢布拉德·克朗茨（Brad Klontz），感谢你的热诚与慷慨，感谢你一直以来与我同舟共济，让我的想法变成现实。

正是一千多名妇女朋友在这个争议性议题上的无私分享和独到见解成就了此书。许多人从百忙之中抽出数小时来给我们采访，希望能为更多的女性实现她们的目标贡献一份力量。是你们给予了我无限的灵感，是你们鼓励了无数的高收入女性勇敢追寻梦想。

我要特别感谢我亲爱的朋友凯特·戴利（Kate Dailey）、达斯汀·纽康（Dustin New-combe）和梅根·史蒂文森（Meghan Stevenson），是你们让我的想法更加成熟。在早期我最需要听众的时候你们总是我最好的听众，给我宝贵的建议。是你们让我更快地走向了成功。

最后，我要感谢我的家人，我的爸爸亚当和妈妈希拉·托拉比（Sheila Torabi），我还在咿呀学语、蹒跚学步时就一路地为我打气加油。感谢你们把我养育成人。感谢我的弟弟托德，你总是给我带来欢乐和思考。我还要感谢艾琳和菲尔·贾奎斯（Phil Jaquith）以及道格、吉恩、布拉德利、凯特和整个杜辛格一家的鼓励和支持。

还有我最爱的老公蒂姆，谢谢你的宽容、耐心和无私的爱。你在我心中永远是最棒的。我对未来充满期待！

图书在版编目（CIP）数据

当她挣得更多 : 大女人幸福十律 / (美) 塔拉比著 ; 子羿, 裴钰译. -- 石家庄 : 河北科学技术出版社, 2015.6

ISBN 978-7-5375-7614-7

Ⅰ. ①当… Ⅱ. ①塔… ②子… ③裴… Ⅲ. ①女性－幸福－通俗读物 Ⅳ. ①B82-49

中国版本图书馆CIP数据核字(2015)第104201号

This edition published by arrangement with Hudson Street Press, a member of Penguin Group (USA) LLC, A Penguin Random House Company

著作权合同登记号：冀图登字 03-2014-092

当她挣得更多：大女人幸福十律

【美】法努什·塔拉比 著 子羿 裴钰 译

出版发行：河北出版传媒集团
河北科学技术出版社
地　　址：石家庄市友谊北大街 330 号（邮编：050061）
印　　刷：三河市祥达印刷包装有限公司
开　　本：889×1194 1/32
印　　张：7.5
字　　数：168 千
版　　次：2015 年 8 月第 1 次出版
2015 年 8 月第 1 次印刷
定　　价：32.00 元